DE L'ÉTENDUE

DE L'AUTORITÉ DES LOIS

PAR

GRANDMANCHE DE BEAULIEU

DOCTEUR EN DROIT

Avocat à la Cour impériale de Paris.

PARIS.

VINCHON, FILS ET SUCCESSEUR DE Mᵐᵉ Vᵉ BALLARD,

rue J.-J. Rousseau, 8.

—

1855.

DE L'ÉTENDUE DE L'AUTORITÉ DES LOIS.

THÈSE
POUR LE DOCTORAT.

L'acte public sur les matières ci-après sera soutenu,
le vendredi 21 janvier 1853, à dix heures et demie,

Par ÉMILE GRANDMANCHE DE BEAULIEU,
né à Paris (Seine).

Président : M. PELLAT professeur.

SUFFRAGANIS : {
MM. DE PORTETS,
PERREYVE,
BONNIER,
DURANTON,
} Professeurs.
Suppléant.

*Le Candidat répondra en outre aux questions qui lui seront
faites sur les autres matières de l'enseignement.*

PARIS,

VINCHON, FILS ET SUCCESSEUR DE Mme Ve BALLARD
IMPRIMEUR DE LA FACULTÉ DE DROIT,
rue J.-J. Rousseau, 8.

1853.

A MON PÈRE, A MA MÈRE.

C.

De l'étendue de l'autorité de la loi, quant au temps, quant au lieu, quant aux personnes et quant aux choses.

INTRODUCTION.

DIVISION DU SUJET.

Nous aurions pu intituler cette thèse : « Du conflit des lois, » selon l'expression de M. Demolombe (1), ou bien encore, avec M. de Savigny (2) : « Des collisions qui peuvent s'élever entre plusieurs droits positifs au sujet d'un rapport de droit donné. » Nous allons, en effet, faire assister continuellement nos lecteurs à une lutte entre deux lois différentes, se disputant l'empire sur les mêmes faits, sur les mêmes personnes, sur les mêmes choses; et nous serons là avec nos faibles forces, mais nous appuyant sur les travaux des grands jurisconsultes des siècles passés et du temps actuel pour fixer à chacune de ces lois les limites de son empire. Nous n'avons pas hésité à accepter cette tâche que M. de Savigny (3) déclare aussi importante que difficile ; nous prions nos juges de nous tenir compte de la difficulté du sujet et de nos efforts inspirés par l'amour de la science.

---

(1) Cours de Code civil, t. 1, n° 36.

(2) Traité de droit romain, traduction de Guenoux, t. VIII, § CCCXLIV.

(3) Ouvrage cité, même paragraphe.

Les conflits dont nous allons nous occuper sont de deux sortes.

Dans aucun temps, chez aucun peuple, le droit n'est resté stationnaire. Nous le voyons changer avec le temps et subir l'influence des religions et des écoles philosophiques dominantes, ainsi que des diverses constitutions politiques qui se succèdent : le droit romain de Justinien n'est plus celui de Gaïus. Que s'est-il donc passé? Le christianisme a remplacé le paganisme comme religion dominante et les barbares se sont rués sur l'empire romain. Supposons Pothier, mort en 1772, revenant à la vie en 1805; que de changements dans notre législation! Quel étonnement pour notre grand maître! Que s'est-il donc passé, s'écrierait-il? Que s'est-il passé? La révolution française. L'ancien droit français était en opposition directe avec les principes nouveaux consacrés par notre révolution : unité de l'Etat ou centralisation, séparation des pouvoirs spirituel et temporel, égalité devant la loi, égalité dans la famille entre les enfants d'un même père, abolition de tous les vestiges de la féodalité, dans la célèbre nuit du 4 août, et voici le Code Napoléon qui est venu appliquer au droit privé les conséquences de ces principes nouveaux, maintenir la révolution dans de justes limites, tout en assurant son triomphe, et sceller le vieux monde dans son tombeau.

Ainsi le droit n'est pas stationnaire, il suit l'humanité à travers les âges et constate les progrès de la civilisation. Quand, au contraire, l'humanité s'arrête ou recule, le droit s'arrête ou recule : le droit des siècles barbares est barbare comme eux; le droit des temps civilisés est plus humain, plus équitable et en même temps plus scientifique.

Mais les changements survenus dans la religion, dans la philosophie, dans les mœurs, dans la politique, ne font pas toujours sentir de la même manière leur influence sur les législations; tantôt le droit change petit à petit et n'arrive que graduellement au niveau des mœurs nouvelles ; d'autres fois, au contraire, le changement est brusque, et une législation disparaît pour ainsi dire tout entière pour faire place à une nouvelle : tel fut l'effet produit par la révolution française.

Les faits humains, les événements de la vie civile, sont féconds en conséquences juridiques; les unes se produisent immédiatement, les autres ne se produisent que plus tard ! Si, dans l'intervalle, la législation change, faudra-t-il appliquer la loi ancienne, bien qu'elle ait été modifiée avant que les effets qu'il s'agit de régler se soient manifestés? Devra-t-on, au contraire, soumettre à l'influence de la loi nouvelle tous les faits survenus depuis la publication? De là le conflit entre la loi ancienne et la loi nouvelle.

On comprendra sans peine que le choc est des plus graves, lorsque ce n'est pas entre deux lois qu'a lieu le conflit, mais entre deux législations : il y a alors bien plus d'intérêts froissés, bien plus de positions ébranlées.

Il se présente alors sur l'empire des lois, quant au temps, beaucoup de questions importantes et palpitantes d'intérêt pratique : c'est ce qui est arrivé lors de la promulgation du Code Napoléon. On nomme ces questions « transitoires », elles sont des plus délicates et ont été traitées d'une manière fort remaquable par Chabot (de l'Allier), en 1809, et Meyer, en 1813.

M. de Savigny (1) nous dit : « Le droit positif n'est « pas le même pour l'humanité tout entière; il varie avec « les peuples et les états, et au sein de chaque peuple est « l'œuvre en partie des idées générales, en partie de cer- « taines forces spéciales. C'est cette diversité de droits po-

---

(1) Ouvrage cité, même paragraphe.

« sitifs qui rend si nécessaire et si importante la délimita-
« tion qui seule permet de prononcer sur les collisions qui
« peuvent s'élever entre plusieurs droits positifs, au sujet
« d'un rapport de droit donné. »

Voilà donc une seconde espèce de conflits; ceux-ci
étaient très fréquents dans notre ancien droit, sous l'empire des diverses coutumes qui, avec le droit écrit, se par-
tageaient le territoire français; il pouvait y avoir alors,
sous ce second rapport, conflit entre deux lois françaises,
de même qu'encore aujourd'hui il peut y avoir conflit
entre deux lois prussiennes; mais, depuis 1804, grâce au
bienfait d'une législation uniforme, bienfait dont ne jouis-
sent pas encore les pays soumis à la domination prussienne,
il ne peut plus y avoir en France conflit, sous ce second
rapport, qu'entre une loi française et des lois étrangères.

En résumé, deux sortes des conflits législatifs :

1° Quant au temps, entre deux lois du même pays,
l'une ancienne, l'autre nouvelle;

2° Quant au lieu, entre deux lois de pays différents, et
plus spécialement entre les lois française et étrangère et
dans certains pays ou à certaines époques du droit, entre
des lois du même pays, mais non applicables aux mêmes
provinces.

Il est donc naturel de traiter séparément des deux sortes
de conflits, ce qui nous donnera une division toute naturelle de notre sujet.

PREMIÈRE PARTIE.

De l'étendue de l'autorité de la loi quant au temps.

CHAPITRE Iᵉʳ.

THÉORIE GÉNÉRALE.

Le conflit des lois, quant à leur empire dans le temps, peut se présenter sous quatre formes différentes, énumérées par M. de Savigny (1) : « 1º Pro-
« mulgation d'une loi nouvelle et isolée qui a
« précisément pour objet le rapport de droit dont
« il s'agit ; 2º promulgation d'un nouveau Code,
« c'est-à-dire d'un ensemble de règles où le rap-
« port de droit dont il s'agit se trouve soumis à
« des dispositions nouvelles : cela eut lieu à Cons-
« tantinople de 529 à 534, en Prusse en 1794, en
« France en 1804, en Autriche en 1812 ; 3º adop-
« tion d'un Code étranger tout entier, et substi-
« tution de ce Code au droit jusqu'alors en
« vigueur : c'est ainsi que la France imposa le
« Code Napoléon à divers pays ; 4º le lieu, siége
« d'un rapport de droit, détaché de l'état auquel

---

(1) Traité de droit romain, traduction de Guenoux, t. VIII, § CCCLXXXIII.

« il appartient, est incorporé à une autre état et
« par là devient soumis à l'ensemble du droit de
« cet autre état ; le droit ainsi substitué peut se
« résumer dans un Code, ou à côté de ce Code
« il peut exister des lois isolées ou même diver-
« ses règles de droit coutumier. »

Ces divers cas ne différeront entre eux que par
l'importance et l'étendue de leur application,
mais ils obéiront tous au même principe. Les trois
derniers, à cause du grand nombre de questions
qu'ils présenteront, donneront le plus souvent
lieu à des lois transitoires ; on appelle ainsi une
loi qui, d'avance, tranche les questions de collision par des dispositions spéciales ; nous donnerons pour exemple l'art. 2281 du Code Napoléon
et plusieurs lois transitoires spéciales qui paru-
rent en même temps que le Code, notamment sur
l'adoption, le divorce, les enfants naturels.

Nous savons maintenant dans quels cas se présente le conflit ; à l'aide de quels principes le ju-
gerons-nous ?

Nous trouvons ce principe dans la loi VII, au
Code, *de legibus* ; c'est une constitution rendue
pour l'empire d'Orient par l'empereur Théodose II
en 440 ; elle est ainsi conçue : « Leges et consti-
« tutiones futuris certum est dare formam nego-
« tiis, non ad facta præterita revocari, nisi nomi-
« natim et de præterito tempore, et adhuc
« pendentibus negotiis cautum sit. » Ce principe
était déjà considéré par Cicéron comme ancien
et incontestable ; nous ne devons donc pas douter

que cette règle n'ait été reconnue de tout temps par les jurisconsultes romains, quoiqu'on n'en trouve aucune trace au Digeste. Voici comment s'exprime Cicéron (1) : « In ulla (lege) præteritum « tempus reprehenditur, nisi ejus rei quæ sua « sponte scelerata ac nefaria est, ut etiamsi lex « non esset, magnopere vitanda fuerit, atque in « his rebus multa videmus ita sancta esse legibus, « ut ante facta in judicium non vocentur...... « De jure vero civili si quis novi quid instituit, is « non omnia quæ ante acta sunt rata esse pa- « tietur ? »

Nous retrouvons ce même principe dans le Code Napoléon, art. 2 : « La loi ne dispose que pour « l'avenir ; elle n'a pas d'effet rétroactif. » Et au Code pénal, art. 4 : « Nulle contravention, nul « délit, nul crime, ne peuvent être punis de pei- « nes qui n'étaient pas prononcées par la loi « avant qu'ils fussent commis. »

Ce principe de non-rétroactivité, que nous voyons admis comme incontestable en droit romain, chez nous est-il conforme au droit philosophique ? Un droit positif idéal devrait-il l'admettre ?

Une loi existe, par cela seul que le législateur croit devoir en faire une nouvelle, pour régler le rapport du droit déjà réglé par cette loi antérieure ; c'est qu'il trouve celle-ci mauvaise, au moins incomplète et insuffisante ; c'est que l'ex-

---

(1) 2ᵉ Verréide, nᵒ XLII, lib. 1.

périence a prouvé qu'il était utile de la modifier : eh bien, n'est-il pas désirable de voir cette
heureuse modification, ce progrès, s'étendre aussi
loin que possible, et régler tous les rapports de
droit dont les effets ne sont pas encore produits?
— Oui ; mais, d'autre part, les citoyens qui, sous
l'empire d'une loi, font tous les actes juridiques
que leur commande cette loi à l'effet d'obtenir
un droit, ne doivent-ils pas pouvoir compter sur
la stabilité de ce droit, ne doivent-ils pas être
assurés que, jusqu'au jour où ce rapport de droit
qu'ils viennent de créer aura produit tous les effets, la loi actuelle les réglera? — Ces améliorations dont on menace les citoyens qui contractent
entre eux sur la foi d'une loi existante, ne se-
raient-elles pas une épée de Damoclès constam-
ment suspendue sur leurs têtes, une perpétuelle
menace de ruine? Ce prétendu progrès n'aurait-il
pas pour résultat immédiat d'enlever aux citoyens
la confiance dans la stabilité de ce qui est, confiance qui, seule, peut faciliter les transactions?

De la combinaison de ces deux vérités, que ré-
sulte-t-il ? — Et notre principe, et les limites que
nous devons apporter à son application. A une
loi nouvelle, nous devons opposer le moins de
barrières possible ; nous devons lui faire régir et
l'avenir et le passé : car, nous la croyons bonne,
meilleure que ce qu'elle remplace, et nous devons faire en sorte que chacun en profite ; mais,
en même temps, nous devons empêcher que cette
loi soit pour quelques-uns un élément de ruine,

et faire en sorte qu'elle respecte les droits acquis.

Donc, notre théorie peut se résumer en ces termes : La loi nouvelle a et doit avoir un effet rétroactif, sauf le respect des droits acquis à des tiers.

Étant donnés un changement de législation et un fait juridique qui a déjà produit toutes ses conséquences, il est hors de doute qu'il échappe à la loi nouvelle. En sens inverse, étant donné, un fait juridique que nous supposerons non commencé sous la loi ancienne, il est pareillement hors de doute que la loi nouvelle doit seule le régir. Pour que la question qui nous occupe se pose, il faut donc non-seulement un des quatre cas de changements de législation énumérés plus haut, mais encore il faut supposer un acte juridique accompli sous la loi ancienne et n'ayant pas encore produit tous ses effets, lorsque la loi nouvelle vient à être promulguée.

Quelle loi réglera les conséquences de cet acte juridique? La loi ancienne, si de cet acte résultaient des droits acquis pour une ou plusieurs personnes ; la loi nouvelle, au contraire, si les améliorations qu'elle renferme peuvent s'appliquer sans léser aucun intérêt respectable.

Quand donc y aura-t-il droit acquis?

Écoutons d'abord Tobias-Jacob Reinhard (1) : « Quæcumque nogotia jam ante novam legem « latam, quoad essentiam suam, fuerunt perfecta,

(1) Selectæ observationes ad Chrystinæum: t. i, obs. 49, n° 8.

« licet consummationem suam suosque effectus ab
« actu demum post legem novam futuro, eoque
« non extensivo, adhuc expectent ; ea ad præte-
« rita omnin o referenda sunt; adeoque ex ante-
« rioribus legibus, nequaquam vero ex nova lege
« lata, dijudicanda, modo non integrum sit ne-
« gotium juxta novæ legis placita emendandi et
« perficiendi. »

Merlin, après avoir cité ce passage de Reinhard,
s'exprime ainsi (1) : « Les droits acquis sont donc
« ceux qui sont entrés dans notre domaine, qui
« en font partie, et que ne peut plus nous ôter
« celui de qui nous les tenons. »

Nous adoptons pleinement cette définition de
Merlin, qui, du reste, a été depuis adoptée par la
presque généralité des auteurs.

Seront des droits acquis, par exemple, ceux
qui résulteront d'une succession déjà ouverte,
d'une prescription déjà accomplie, d'un contrat.
Ainsi aujourd'hui le contrat suffit pour transférer
la propriété même des immeubles : supposons une
loi nouvelle qui, comme la loi de brumaire an VII,
exigerait la transcription en matière d'immeubles,
cette nouvelle loi respecterait la propriété entre
les mains de ceux qui l'auraient acquise par voie
de simple contrat.

Maintenant, pour que notre théorie soit plus
claire, procédons par élimination.

_____

(1) Répertoire de jurisp., tome 5, v° Effet rétroactif, section III, § 1.

1° Nous ne devons pas considérer comme droit acquis une faculté abstraite commune à tous les citoyens ou à toute une classe de citoyens la société ; la loi qui soumet à une peine un fait auparavant licite, enlève une faculté de cette nature à tous, et on ne peut pas dire qu'il y ait un droit acquis de lésé : en effet, le législateur ne contracte jamais lorsqu'il accorde une faculté ; il permet, mais il ne s'oblige pas ; il conserve donc toujours le droit de retirer la permission : il faut cependant que la faculté dont il s'agit n'ait pas été réduite en acte ; il est bien entendu que l'acte commis antérieurement à la loi nouvelle resterait impuni.

Il ne faut pas croire, du reste, que cette première élimination ne trouve d'application qu'en droit pénal ; on peut encore l'appliquer en matière de droit privé ; exemple : les femmes peuvent, chez nous, se porter valablement cautions ; si une loi nouvelle retournait à la théorie du sénatus-consulte Velléien, et leur défendait de s'obliger pour autrui (*intercedere*), elles perdraient toutes cette faculté ; mais quant à celles qui l'auraient réduite en acte, antérieurement à la loi, elles demeureraient obligées.

2° Il nous faut éliminer les simples expectatives. Nous appellerons expectative toute espérance que l'on tient d'un fait déjà passé ou d'un état actuel de choses, espérance de jouir d'un droit lorsqu'il s'ouvrira.

Il résulte de cette définition que l'expectative

peut avoir deux causes, savoir : la volonté encore ambulatoire de l'homme, et la loi que le législateur, dont elle est l'ouvrage, est toujours maître de changer.

Donnons des exemples :

D'après la loi actuelle sur les successions, je dois hériter de mon oncle en concours avec un autre de mes oncles ; j'ai établi mon genre de vie conséquemment à cette attente, et des tiers m'ont même, en vue de cette succession future, ouvert des crédits qu'ils ne m'eussent pas ouverts sans cela ; une loi nouvelle survient et détruit la représentation en ligne collatérale ; mon oncle Primus meurt sous l'empire de la loi nouvelle, mon oncle Secundus sera seul appelé à sa succession. Ce changement du droit m'est très préjudiciable ; mais je n'ai pas à me plaindre, car, loin d'avoir un droit acquis, je n'avais qu'une espérance qui ne s'est pas réalisée, et cette expectative avait ici pour cause la loi.

Une personne reçoit d'un homme riche, et qui n'a pas d'héritiers à réserve, la promesse d'être institué légataire universel ; il reçoit même communication du testament ; une loi nouvelle rendue pendant la vie du testateur prohibe la faculté de tester ; cette loi peut aussi bien anéantir l'espérance du légataire qu'un changement de volonté du testateur ; or, le légataire n'avait ici qu'une espérance ou expectative ayant pour cause la volonté encore ambulatoire de l'homme.

L'expectative naissant d'un contrat ou du

testament d'une personne décédée formera toujours un droit acquis qui devra être considéré
comme placé hors l'atteinte des lois postérieures;
il en serait ainsi, alors même que du contrat ré-
sulterait un droit soumis à une condition suspensive; il n'y a encore là qu'espérance de droit :
« ex conditionali stipulatione tantum spes est de-
« bitum iri (1). » Mais cette espérance ne peut
plus nous être retirée par celui de qui nous la
tenons; ce rudiment de droit est entré dans
notre patrimoine et il est dans le commerce; le
créancier conditionnel peut faire tous les actes
conservatoires de son droit (art. 1180, C. Nap.).
Son droit est transmissible à ses héritiers, « eam-
« que spem in hæredem transmittimus, si prius
« quam conditio existat, mors nobis contige-
« rit (2). » D'ailleurs la condition accomplie a un
effet rétroactif au jour du contrat.

En matière de testament, la question pourrait
présenter plus de doute, parce que le légataire sous
condition suspensive devait, en droit romain, et
doit encore aujourd'hui (art. 1040, C. Nap.) exister et être capable au moment de l'accomplissement de la condition, de telle sorte que son droit
n'est pas transmissible à ses héritiers. Qu'est-ce
que cela prouve? Que son droit est doublement
conditionnel, voilà tout, c'est-à-dire qu'il est subordonné à la condition apposée par le testateur,

(1) Institutes, lib. III, t. 15, de verborum obligatione, § IV.
(2) Instit., loco citato. C. N., art. 1179.

et en outre à l'existence et à la capacité du légataire au moment de l'accomplissement de cette
première condition; mais il n'en est pas moins
vrai que le légataire sous condition acquiert, par
le décès du testateur, un véritable droit acquis, au
point de vue de notre théorie, puisque ce droit ne
peut plus lui être enlevé par celui qui l'a créé, le
testament étant devenu irrévocable par le décès
du testateur; tandis qu'antérieurement à ce décès
ce droit n'était encore qu'une expectative dépendant de la volonté ambulatoire de l'homme.

Il en serait de même, *a fortiori*, d'un droit à
terme.

La différence consiste en ce que l'expectative
dépend, quant à sa réalisation, de la volonté
d'une personne étrangère de qui nous la tenons,
tandis qu'il n'en est pas ainsi des droits conditionnels et des droits à terme.

Remarquons, toutefois, que, pour qu'il y ait
droit acquis, il n'est pas absolument nécessaire
que nous puissions disposer du droit dont il s'agit,
que nous puissions le transmettre, l'aliéner; car
il y a des droits des mieux acquis et des plus importants, qui ne sont ni aliénables ni transmis-
sibles. Nous donnerons pour exemple l'état des
personnes, c'est-à-dire la qualité de père, de fils,
d'époux, et, dans un autre ordre d'idées, les droits
d'usage et d'habitation.

Le principe que nous venons d'étudier do-
mine-t-il le pouvoir législatif, ou n'est-il qu'une
règle générale d'interprétation que le juge devra
suivre lorsque le législateur n'aura pas expres-

sément manifesté la volonté de rétroagir en lésant un droit acquis?

Pour les Romains, la règle qui nous occupe ne concernait que le juge. En effet, la loi VII, au Code, *de legibus*, le dit expressément ; car, après avoir posé le principe « Leges et constitutiones futuris « certum est dare formam negotiis, non ad facta « præterita revocari, » elle ajoute immédiatement : « nisi nominatim et de præterito tempore et « adhuc pendentibus negotiis cautum sit ; » il y a donc là une simple règle d'interprétation pour le juge, et une entière indépendance est réservée au législateur.

Nous voyons en effet que le législateur en a usé quelquefois ; donnons un exemple : L'an 528, Justinien, par une constitution qui forme la loi XXVI, au Code, *de usuris*, ordonna que l'intérêt à 12 0/0, permis depuis des siècles, serait réduit à 6 0/0 ; l'année suivante, des doutes s'étant élevés relativement aux intérêts stipulés avant 528 et échus depuis, Justinien rendit une nouvelle constitution ayant le caractère de loi transitoire et rapportée au Code, loi XXVII, *de usuris ;* cette seconde constitution porte que les intérêts échus avant 528 seront réglés par l'ancienne loi, mais que les intérêts échus depuis 528 et ceux à échoir seront réglés par la loi nouvelle. Cette seconde disposition est évidemment rétroactive, car il y avait droit acquis pour le créancier de recevoir les intérêts à 12 0/0.

Cette théorie romaine est aussi la nôtre ; mais

il faut cependant observer que nous ne l'avons pas toujours suivie. Les constitutions antérieures à celles de l'an VIII contenaient toutes le principe de non-rétroactivité des lois, ce qui donnait à ce principe le caractère de principe constitutionnel. Ainsi nous lisons dans la constitution du 3 décembre 1791, art. 8 de la déclaration des droits de l'homme et du citoyen : « La loi ne doit établir « que des peines strictement et évidemment né- « cessaires, et nul ne peut être puni qu'en vertu « d'une loi établie et promulguée antérieurement « au délit et légalement appliquée. »

Dans la constitution du 24 juin 1793, art. 14 de la déclaration des droits de l'homme et du ci- toyen : « Nul ne peut être jugé et puni qu'après « avoir été entendu ou légalement appelé, et « qu'en vertu d'une loi promulguée antérieure- « ment au délit. La loi qui punirait les délits « commis avant qu'elle existât, serait une tyran- « nie ; l'effet rétroactif donné à la loi serait un « crime. »

Enfin dans la constitution du 5 fructidor an III (22 août 1795), art. 14 de la déclaration des droits : « Aucune loi, ni criminelle, ni civile, ne « peut avoir d'effet rétroactif. »

Ce principe n'est pas reproduit dans la consti- tution du 22 frimaire an VIII, et n'a plus été de- puis lors écrit dans aucune constitution ; il a trouvé place dans le Code Napoléon, art. 2, et dans le Code pénal, art. 4 ; d'où il suit que, de principe de droit constitutionnel liant le législateur, il est devenu, comme en droit romain, une simple règle d'interprétation ne liant que le juge.

Remarquons cependant qu'antérieurement à la constitution de l'an III, le principe n'était considéré comme constitutionnel qu'en matière de droit pénal, à tel point que la Convention a rendu certaines lois rétroactives; nous citerons pour exemple la loi du 17 nivôse an II, qui annulait les donations faites et réglait les successions ouvertes depuis et y compris le 14 juillet 1789.

De ces deux systèmes, lequel est préférable? Est-ce celui du droit intermédiaire? Est-ce celui du droit actuel? Faut-il mieux s'en rapporter à la sagesse du législateur, ou serait-il bon de lui poser des limites qu'il ne lui serait pas permis d'enfreindre? « La rétroactivité, disait Benjamin « Constant, est le plus grand attentat qu'une loi « puisse commettre; elle est le déchirement du « pacte social, elle est l'annulation des conditions « en vertu desquelles la société a le droit d'exi- « ger l'obéissance de l'individu; car elle lui ravit « les garanties qu'elle lui assurait en échange de « cette obéissance, qui est un sacrifice. La rétro- « activité ôte à la loi son caractère; la loi qui ré- « troagit n'est pas une loi (1) ».

Toullier (2) nous dit : « Si les lois pouvaient « avoir un effet rétroactif, il ne pourrait plus y « avoir ni liberté ni sûreté. »

---

(1) *Moniteur* du 1er juin 1828, page 755.
(2) Le droit civil français suivant l'ordre du Code, t. I, n° 81

Dans le sein de l'Assemblée nationale de 1848,
il se trouva des défenseurs de l'opinion professée
par Benjamin Constant et Toullier. M. Dabeaux
proposa, dans la séance du 15 septembre 1848,
de reproduire dans la Constitution l'article de la
constitution de l'an III que nous avons déjà cité.
Sa proposition fut rejetée.

L'Assemblée constituante nous paraît avoir,
dans cette occasion, consacré les vrais principes.
Tel est l'avis, du reste, de la plupart des auteurs.
Ainsi M. de Savigny nous dit (1) : « Évidemment
« le législateur a toujours le droit de donner, par
« exception, effet rétroactif à une loi nouvelle.

Nous n'avons garde de méconnaître que les
lois ne devront rétroagir, en lésant des droits
acquis, que rarement. A moins qu'aucun intérêt
ne s'en trouve lésé, ce n'est qu'avec beaucoup de
prudence et de réserve que le législateur devra se
permettre d'établir des règles applicables au
passé ; mais on conçoit des cas où des motifs d'u-
tilité sociale peuvent justifier des exceptions à
notre principe, tout équitable, tout utile et tout
important qu'il est. Ce serait se montrer trop dé-
fiant de l'intelligence de la France, à une époque
où le législateur n'est autre chose que la représentation nationale, que de lui poser une règle
qui, par crainte d'abus imaginaires, sacrifierait
les avantages que, dans certains cas, un pouvoir

_____

(1) Ouvrage cité, § CCCLXXXVII.

législatif plus libre dans son action pourrait trouver à faire exception à notre principe (1).

Aux raisons que nous venons de donner M. Valette en ajoute une qui nous semble d'un grand
poids : « On aurait pu s'élever, dit-il (2), contre
« le législateur, et lui reprocher d'avoir violé la
« Constitution, toutes les fois qu'il n'aurait pas
« assez habilement démêlé quelles attentes pou-
« vaient être détruites, quelles attentes devaient
« être respectées. » Nous avons vu, en effet, que
notre principe n'est pas précisément que la loi
ne rétroagit jamais, mais qu'elle ne peut rétroagir en lésant des droits acquis ; or, la grande difficulté de notre matière consiste à savoir quand il
y a droits acquis. Admettre que notre principe est
une règle que le pouvoir législatif est tenu de respecter, c'eût été créer d'avance, selon l'observation si judicieuse de M. Valette, des causes de
désordre.

En tous cas, si l'on devait ériger en principe
constitutionnel la non-rétroactivité, nous la com-
prendrions encore pour les lois pénales, ainsi que
le disaient les constitutions de 1791 et 1793 ; mais
nous ne pouvons certes l'admettre pour les lois
civiles, comme le voulait la constitution de

_____

(1) Nous citerons comme exemples de lois rétroactives com-
mandées par des motifs d'utilité sociale nés de circonstances
particulières, la loi du 21 juin 1843 sur la forme des actes nota-
riés, et la loi sur la transportation des insurgés de juin 1848.
(2) Sur Proudhon, t. i, p. 24.

l'an III et comme le demandaient certains membres de la Constituante de 1848.

En résumé, dans l'état actuel de notre droit, le législateur peut rétroagir, et nous avons admis qu'il est raisonnable de lui accorder cette latitude. Il est bien entendu qu'il y a deux sortes de rétroactivité : l'une de principe, et qui a lieu toutes les fois qu'en appliquant la loi nouvelle à des faits qui lui sont antérieurs, on ne lèse aucun droit ; rétroactivité toujours légitime et toujours raisonnable, ayant pour but de ne pas restreindre sans motifs la réalisation des vues nouvelles du législateur ; l'autre qui, au contraire, entame le principe, et ne peut être utile, bonne, que dans des cas exceptionnels excessivement rares. Lorsque la loi nouvelle sera conçue en termes qui n'indiqueront pas quelle est sa portée sur les faits antérieurs, nous aurons donc deux questions à nous adresser : — 1° Y a-t-il pour certaines personnes un droit acquis qui, conformément aux règles générales de la matière, s'oppose à l'application de la loi nouvelle? Si l'on décide la négative, la loi rétroagit, et c'est le cas de notre première espèce de rétroactivité. — 2° Si, au contraire, on trouve des droits acquis qu'il faut respecter, il faudra se poser alors la seconde question : la loi a-t-elle voulu rétroagir, et rétroagir de cette seconde espèce de rétroactivité tout exceptionnelle, qui ne respecte pas les attentes les mieux fondées?

Il faudra alors chercher cette rétroactivité dans

les termes mêmes de la loi. Mais peut-il arriver qu'on puisse la trouver autre part que dans les expressions du législateur? — Exigerons-nous, avec la loi VII, au Code, *de legibus*, qu'il ait été expressément parlé des faits antérieurs? « Nisi « nominatim et de præterito tempore et adhuc « pendentibus negotiis cautum sit. » Voici notre réponse.

. Il peut arriver que la rétroactivité résulte des circonstances qui ont précédé ou accompagné les dispositions nouvelles. Mais il faudra que ces circonstances présentent en faveur de ce résultat les arguments les plus forts, les plus péremptoires; il ne faudrait admettre de rétroactivité sur un pareil fondement que lorsque ces circonstances ne laisseraient subsister aucun doute sur la pensée du législateur. La rétroactivité pourrait encore résulter du rapprochement des dispositions nouvelles avec les dispositions qu'elles remplacent. Elle résultera souvent de la nature même des dispositions nouvelles et de la matière qu'elles ont pour objet.

Il y a donc des lois que leur caractère rend nécessairement rétroactives.

Et ici se présentera toujours la même observation. Car nous rencontrerons des lois que leur nature pourra faire rétroagir par application de notre principe, d'autres lois que leur nature fera rétroagir par exception à notre principe. Nous allons rechercher brièvement quelles sont les lois qui rentrent soit dans l'une soit dans l'autre de ces deux classes; nous serons très court, parce que nous n'en sommes encore qu'à exposer les principes généraux, nous réservant de montrer l'application de notre théorie générale aux diverses matières du droit, dans un autre chapitre.

On a l'habitude de ranger au nombre des lois qui rétroagissent nécessairement les lois interprétatives; c'est là une erreur contre laquelle on verra plus bas qu'il est important de se présumer.

On entend par interprétation l'explication d'une loi obscure, de textes ambigus; or expliquer un texte, l'éclaircir, en faire saisir le sens, c'est faire de la doctrine, et rien de plus; c'est là le rôle de tous les jurisconsultes : tous ceux donc qui se livrent à l'étude des lois peuvent interpréter, et il faudrait se garder de prendre à la lettre l'adage romain : « Jus est interpretari legem cujus est « condere. » Or, une interprétation par elle-même ne peut pas être obligatoire; c'est une explication, ce n'est pas une loi; si elle émane d'un corps judiciaire élevé, d'un jurisconsulte justement renommé, elle aura une autorité qu'elle tirera de ses auteurs, mais elle n'en sera pas moins soumise à l'examen de tous les esprits habitués à ne pas juger sur la foi de la parole du maître, quel que soit le maître.

Ces deux mots — lois interprétatives, — jurent donc ensemble. Que veulent-ils dire? Que veut dire l'adage romain que nous avons cité? Cet adage signifie qu'au milieu d'interprétations di-

verses, le législateur peut en choisir une et donner ordre de l'accepter. Ainsi donc chacun peut
se livrer à l'interprétation des lois, dans la mesure
de ses lumières et de son intelligence ; le législateur seul peut donner ordre d'adopter une interprétation. La loi interprétative est donc celle qui
contient tout à la fois une interprétation, œuvre
de doctrine, et une règle qui est l'ordre d'accepter
cette interprétation. Or, si aux yeux du législateur
l'interprétation qu'il a donné l'ordre d'accepter
est la véritable interprétation de la loi ancienne
(et il n'est plus permis à personne d'en douter),
la loi interprétative contient un ordre dont la
date importe peu, plus une interprétation d'une
loi, interprétation qui n'est autre chose que cette
loi elle-même expliquée : c'est cette loi, devenue
plus claire, plus intelligible, et ayant un sens
qu'elle avait hier, qu'elle avait dès le jour où
elle a été faite, quoiqu'on ne l'ait pas toujours
saisi ; donc l'interprétation contenue dans une
loi interprétative doit être considérée comme
ayant la même date que la loi primitive ; donc il
est faux de dire qu'une loi interprétative rétroagisse ; non pas que nous veuillons dire qu'il
faille ne pas l'appliquer aux faits qui sont antérieurs à sa promulgation, mais en ce sens que
cette loi contient une interprétation qui était la
vérité en droit, dès la promulgation de la loi expliquée, et que, dès lors, les faits antérieurs à la
promulgation de la loi interprétative se trouvent

en définitive régis par une loi qui existait antérieurement à eux (1).

Remarquons qu'il ne faudrait pas traiter comme
loi interprétative un acte législatif, par cela seul
qu'il aurait pour but de faire cesser les dissidences auxquelles aurait donné lieu le texte obscur
ou ambigu d'un loi antérieure. Le législateur a,
en effet, deux moyens de faire cesser le doute qui
s'élève sur le vrai sens d'une loi : ou l'expliquer,
et donner ordre d'accepter cette explication ; ou
bien encore lui substituer une loi nouvelle.

Revenons à notre recherche.

Appartiendront à la première classe de lois
rétroactives, c'est-à-dire à celles qui, par leur
rétroactivité, ne lèsent aucun droit acquis : 1° les
lois politiques ; 2° les lois de procédure ; 3° les

---

(1) Sous l'ancienne monarchie, le roi réunissait le pouvoir
législatif et le pouvoir exécutif ; c'est à lui qu'appartenait l'interprétation par voie d'autorité législative. — De 1790 jusqu'en
1807, conformément à l'art. 91 de la loi du 1er décembre 1790,
l'interprétation d'une loi dut, pour faire autorité, être donnée
par le pouvoir législatif lui-même.—En 1807, une loi du 16 septembre, art. 2, s'éloigna du principe romain en donnant force de
loi interprétative aux avis du conseil d'État approuvés par l'empereur. Cette loi fut abrogée virtuellement par le fait même de
la promulgation de la Charte de 1814 ; mais des difficultés s'étant
élevées à cet égard, en 1823, elles furent levées par une loi du
30 juillet 1828, qui revint à la règle : « ejus est interpretari legem
« cujus est condere ; » cette loi elle-même a été abrogée par
celle du 1er avril 1837, qui reproduit le même principe. Tout ce
que nous avons dit sur les lois interprétatives s'applique donc
aux nombreux avis du conseil d'État ayant force de lois interprétatives.

lois de compétence ; 4° les lois pénales favorables. Nous aurons occasion, dans notre chapitre
deuxième, d'indiquer longuement les raisons de
ces diverses décisions.

Quant à la rétroactivité exceptionnelle, nous
savons déjà qu'elle n'aura lieu que très rarement.

Elle n'aura sa cause dans le caractère même
d'une loi qu'en matière de droit privé. A cet
égard, M. de Savigny (1) distingue deux espèces
de règles de droit : « Une première espèce de
« règles concerne, dit-il, l'acquisition des droits,
« c'est-à-dire le lien qui rattache un droit à un
« individu, ou la transformation d'une institu-
« tion de droit (abstraite) en un rapport de droit
« personnel. Les exemples suivants mettent en
« évidence la nature de ces règles et celle de
« leurs changements possibles. Quand, dans un
« pays, la propriété pouvait se transmettre et
« s'acquérir par simple contrat, et qu'une loi
« nouvelle exige la tradition, le changement de
« la règle porte uniquement sur les conditions
« auxquelles un individu peut obtenir la pro-
« priété d'une chose et constituer ainsi son droit
« à cette chose ; il en est de même quand tous
« les contrats obligatoires pouvaient se faire
« verbalement avec une entière efficacité, et
« qu'une loi nouvelle ordonne que, pour toute

(1) Ouvrage cité, § ccclxxxiv.

« chose excédant une valeur de 50 écus, un acte
« écrit donnera seul lieu à une action.

« Une seconde espèce de règles concerne
« l'existence des droits, c'est-à-dire la recon-
« naissance d'une institution en général que l'on
« doit toujours supposer avant qu'il puisse être
« question de son application à un individu, ou
« de la transformation d'une institution de droit
« en un rapport de droit. Cette seconde espèce
« de droits se subdivise elle-même en deux
« classes dont l'étendue diffère, mais dont l'es-
« sence est la même, et qui, par conséquent,
« se placent absolument sur la même ligne,
« quant à l'objet de la présente recherche. Quel-
« ques-unes de ces règles portent sur l'existence
« ou sur la non-existence d'une institution de
« droit. En voici des exemples : l'esclavage ro-
« main, la servitude de la glèbe germanique, la
« dîme existant dans un pays, puis abolie par une
« nouvelle loi, déclarés impossibles et privés
« ainsi de la protection du droit. Parmi ces rè-
« gles, d'autres ne portent pas sur l'existence
« même de l'institution, mais sur son mode
« d'existence ; de sorte que tout en étant conser-
« vée, elle subit une altération profonde. »

M. de Savigny, après avoir ainsi reconnu deux
espèces de règles de droit, applique le principe
que les lois nouvelles ne doivent porter aucune
atteinte aux droits acquis, aux règles de la première classe, et nie complétement son application aux règles de la seconde.

Donc les lois qui abolissent entièrement une institution de droit, ou qui, sans l'abolir entièrement, la modifient dans son essence, ne sauraient, à ses yeux, être soumises au principe du maintien des droits acquis. Nous partageons cet avis, parce que, si nous ne les entendions pas ainsi, les lois les plus importantes de cette espèce perdraient toute signification. Afin de rendre ce motif de décision évident, prenons pour exemple la loi par laquelle la Constituante de 1789 abolit la servitude de la glèbe; si nous appliquons à cette loi le principe du maintien des droits acquis, elle se bornera à dire : « A l'avenir, toute consti-« tution d'une servitude de la glèbe est prohi-« bée. » Il en serait de même de la loi qui abolit à la même époque les dîmes sans indemnité; cette loi se serait aussi bornée à dire : « A l'avenir on « ne pourra constituer aucun droit de dîme. » Ainsi entendues, ces lois eussent été parfaitement inutiles; car, à l'époque où elles furent portées, il y avait longtemps déjà que personne ne songeait plus à constituer une servitude de la glèbe ou un droit de dîme; ces lois voulaient donc dire purement et simplement : tous les serfs sont affranchis; les débiteurs des dîmes sont libérés. Il est évident que si, au contraire, il s'agit d'une loi concernant l'acquisition d'un droit, le législateur entend respecter ce droit chez ceux qui l'ont, et poser des règles non pour son acquisition passée, mais pour son acquisition à venir.

Ainsi donc, le principe est certain; mais on

comprend sans peine qu'il est naturel de se demander si cette classe de lois qui anéantissent ou
transforment des droits acquis, ne sont pas, par
cela même, iniques et condamnables.

Nous n'hésitons pas à répondre que non. Ce
sont des lois de nécessité, d'utilité sociale. On
doit savoir sacrifier quelques intérêts individuels
pour arriver au bien général. Le droit repose sur
les croyances d'un peuple ; le droit n'est donc ni
fixe ni immobile ; car les croyances d'un peuple
se modifient, changent avec le temps, suivent un
développement progressif, et avec elles le droit
marche et se modifie. Ce qui était vrai il y a cent
ans n'est plus vrai aujourd'hui. Faut-il donc permettre à quelques individus, parce qu'ils ont un
droit acquis reconnu par le droit d'autrefois, aujourd'hui que le droit a marché avec la civilisation, que ce droit d'il y a cent ans paraît aujour-
d'hui une iniquité, de venir opposer à la marche
de la civilisation, au changement du droit, un
droit supérieur et absolu? Faut-il donc reconnaître à un siècle le pouvoir d'imposer irrévocablement ses convictions à tous les siècles à venir?
C'est alors vouloir renoncer à tout progrès. Supposons que l'esclavage qui paraissait une nécessité naturelle à l'antiquité, au lieu de disparaître
peu à peu de nos mœurs avec le christianisme et
la civilisation ait été tout à coup détruit par une
impulsion violente et subite donnée aux esprits,
eût-il donc fallu respecter les droits des propriétaires actuels des esclaves? Mais alors l'Europe

serait encore aujourd'hui couverte d'esclaves. Non, nous l'avons dit, il faut savoir sacrifier quelques intérêts pour le bien général; on peut d'ailleurs concilier l'intérêt général avec les intérêts individuels et opposés, en suivant le bel exemple donné par la France et l'Angleterre dans ces derniers temps, lors de l'abolition de l'esclavage dans les colonies, c'est-à-dire d'indemniser les titulaires et propriétaires évincés.

Les raisons que nous venons de développer sont à ajouter à celles que nous avons données plus haut et complètent la preuve de cette vérité qu'il importe que le législateur puisse rétroagir.

On pourrait même, à cet égard, faire une remarque assez curieuse : ce sont les constitutions révolutionnaires qui liaient ainsi le législateur; ce furent les orateurs du parti révolutionnaire qui demandèrent que le principe de non-rétroactivité devînt un principe constitutionnel, et cependant, ce principe admis, on n'eût pu proclamer les principes nouveaux dans la nuit du 4 août 1789, et nous en serions encore à attendre la réalisation des conquêtes de cette époque, conquêtes qui forment aujourd'hui, ainsi que le déclare la constitution du 15 janvier 1852, la base de notre droit public.

Nous devrons aussi admettre la rétroactivité des lois « qui ont un motif et un but moraux, « conséquemment une nature rigoureusement « obligatoire (1). » C'est ainsi que toute loi nou-

_____

(1) Savigny, ouvrage cité, § cccxcix.

velle interdisant le divorce s'il est autorisé, autorisant le divorce s'il est interdit, ou modifiant
les causes pour lesquelles il peut être demandé,
devra être appliqué aux mariages existants. Il
faut remarquer qu'il devra en être ainsi, que la
loi nouvelle rende le divorce plus facile ou plus
difficile; dans le premier cas, en effet, le législateur se propose de maintenir la pureté et la sain-
teté du mariage; il prend ses motifs dans ses
croyances religieuses; dans le second cas, il a
pour but de faire une plus large part à la liberté
individuelle. « Quia inhonestum visum est, » nous
dit Paul (2), « vinculo pœnæ matrimonia obs-
« tringi, sive futura, sive jam contracta. » Dans
l'un comme dans l'autre cas, le but que se propose le législateur est donc moral à ses yeux.

La loi respecte les droits acquis résultant de
l'acte antérieur à sa promulgation. Nous venons
de voir que certaines lois, à raison de leur caractère, n'obéissent pas à ce principe, principe
que le législateur peut d'ailleurs faire taire quand
il le juge à propos. La loi romaine qui a servi de
base à notre théorie admettait des exceptions au
principe : « Nisi nominatim et de præterito tem-
« pore et adhuc pendentibus negotiis cautum
« sit. » Mais lorsqu'une loi recevait ainsi une extension exceptionnelle quant à son empire dans
le temps, le droit romain apportait à cette extension une restriction, ou, si l'on veut, il faisait

---

(2) ff., cxxxiv, pr. de verborum obligationibus (xlv, 1).

exception à l'exception. Cette exception consistait à admettre que la loi rétroactive n'avait aucun effet sur les jugements et sur les transactions qui lui étaient antérieurs.

Nous admettons la solution du droit romain.

La raison en est qu'un jugement forme pour les parties entre lesquelles il prononce une espèce de contrat : « Ut in stipulatione contrahitur, ita «judicio contrahi,» dit la loi III, § XI, ff. *de peculio*. En effet, dès que des parties entrent en contestation devant un tribunal, elles consentent réciproquement à se soumettre à la décision de ce tribunal, en se réservant néanmoins toutes les voies de droit que la loi actuelle accorde pour faire réformer les décisions du genre de celle qu'elles attendent ; il est donc clair que les mêmes raisons qui font que les lois respectent les droits acquis nés d'un contrat, doivent faire considérer les droits acquis nés d'un jugement comme protégés par le même principe.

Quant à la transaction, la raison est encore plus évidente, puisque la transaction est elle-même un contrat. Il en serait de même de toute concession ou renonciation volontaire de l'une des parties mettant définitivement fin au litige.

Le rapport de droit primitif qui existait entre les parties n'est plus le même ; il a été transformé de telle sorte que ce serait à un rapport de droit nouveau et tout différent que s'appliquerait la loi rétroactive nouvelle.

Devrons-nous restreindre notre exception aux jugements définitifs? Devrons-nous l'appliquer même aux jugements de première instance, si la loi nouvelle paraît dans le cours de l'instance sur l'appel ? A cet égard, voici la décision de la Novelle CXV, chap. Ier : « In omnibus enim prædictis « casibus, illas leges a cognitoribus servari de- « cernimus quæ tempore sententiæ aut certæ re- « lationis obtinebunt ; tametsi contigerit postea « legem promulgari novi aliquid disponentem « et tenorem suum ad præterita quoque negotia « referentem. »

On pourrait opposer à cette théorie de Justinien que l'appel, de sa nature, remet tout en question, et que, dès lors, apparaît le rapport de droit primitif et non un rapport de droit transformé. Il n'en faut pas moins tenir pour vraie l'opinion de Justinien ; car il ne faut admettre qu'avec tempérament le principe que l'appel remet tout dans l'état primitif ; en effet, le juge de première instance était tenu d'observer la loi en vigueur à l'époque du jugement, et le juge d'appel ne peut infirmer un jugement que s'il contient erreur de fait ou erreur de droit ; or, dans notre espèce, le jugement ne devrait être réformé ni pour erreur de fait, ni pour erreur de droit. La vérité de ce que nous disons nous est montrée par les termes mêmes dont se servent les cours d'appel lorsqu'elles infirment un jugement : « Par ces motifs, la Cour infirme et met « le jugement dont est appel au néant ; émendant « et faisant ce que les premiers juges auraient « dû faire, ordonne, etc.....»

Dans notre espèce, il serait impossible de sou-

'tenir que la Cour fait ce que le tribunal aurait dû faire.

S'il s'agissait d'un jugement ou arrêt qui ne serait plus attaquable par les voies ordinaires de réformation, il est bien évident que ce jugement ou cet arrêt ne pourrait être attaqué pour cause de violation de la loi que par la voie du pourvoi en cassation, et ce que nous venons de dire montre que ce pourvoi devrait être rejeté. Supposons qu'il intervienne une loi interprétative ; devrons-nous admettre que cette loi interprétative enlève leur efficacité aux transactions ou jugements antérieurs à sa promulgation qui ont suivi une autre interprétation ?

Quant à la transaction, nous répondrons que non ; car que prouve la loi interprétative ? Que les parties ont admis une interprétation de la loi qui n'était pas la vraie ; qu'il y a eu erreur de droit de leur part ; or, les transactions ne peuvent être attaquées pour cause d'erreur de droit (article 2052, C. Nap.). Quant aux jugements, leur efficacité restera entière s'ils ne sont plus attaquables par aucune voie de droit ; si, au contraire, l'opposition, l'appel ou le pourvoi en cassation sont encore recevables, il est prouvé aujourd'hui que la loi expliquée avait été interprétée et appliquée d'une manière erronée ; il rentrerait donc dans le devoir soit des juges d'appel, soit de la Cour de cassation, de se référer à la seule interprétation déclarée saine, par conséquent d'infirmer ou casser la décision contraire

qui leur serait déférée. Nous venons de voir qu'il
n'en serait pas ainsi d'une loi rétroactive.

Lorsque nous disions plus haut qu'il était
inexact de dire que les lois interprétatives rétroagissent, nous ne cherchions pas aux auteurs qui
le disent une pure querelle de mots ; on voit que
cette idée que la loi interprétative, c'est la loi ancienne elle-même avec la même date, mais rendue plus claire, présente un intérêt pratique.

Nous venons d'expliquer quels sont les principes généraux de notre matière ; nous allons, dans
un second chapitre, en faire l'application aux diverses matières du droit.

CHAPITRE II.

APPLICATION DE LA THÉORIE GÉNÉRALE AUX
DIVERSES MATIÈRES DU DROIT.

« Hujus studii, nous dit Ulpien(1), duæ sunt po-
« sitiones, publicum et privatum. Publicum jus
« est quod ad statum rei romanæ spectat, priva-
« tum quod ad singulorum utilitatem. »

Il est rare qu'un changement de législation ait
lieu en matière de droit privé, de ce droit qui se
rapporte seulement *ad singulorum utilitatem*, et
qui, quoique étant d'une importance immense, ne
présente pas autant d'intérêt pour la société tout

---

(1) Rapporté aux Institutes, lib. 1, tit. 1, § IV, et aux ff., loi 1,
§ II, de Justitia et Jure (II).

entière que le droit public, *quod ad statum rei ro-*
manæ spectat. Ce dernier, en effet, s'occupe de la
constitution de l'État, de la forme du gouvernement, de l'organisation des grands corps politiques, de l'attribution et de l'exercice des droits
civiques; il a pour but l'intérêt de tous, et les droits
qu'il accorde, les prérogatives dont il investit
certaines personnes ou une certaine classe de la
société ne sont jamais départis à ces personnes
ou à cette classe pour leur avantage particulier,
mais bien pour l'intérêt général de la société :
donc ce que nous avons à dire ici du droit public
sera très court, car, de ce que nous venons de dire,
il est facile de conclure qu'en matière de droit
public, il n'y a de droit acquis pour personne. Personne n'a pu ni dû considérer comme immuable
sa position dans l'ordre politique. Toutes les constitutions et lois qui modifient les pouvoirs sociaux
existants ou qui leur en substituent de nouveaux,
doivent être appliquées immédiatement. Toute loi
qui règle autrement que les lois anciennes les conditions d'électorat ou d'éligibilité doit aussi être
appliquée immédiatement.

Tout cela est dit avec cette restriction que les
faits accomplis seront toujours respectés. Les pouvoirs sociaux peuvent changer ou être modifiés,
mais les actes légalement faits par eux sous l'empire de l'ancienne constitution seront respectés.
La loi électorale peut changer : tel qui était élec-
teur, cesse de l'être ; mais l'élection à laquelle il
avait pris part sous les lois anciennes n'est pas
invalidée.

Nous assimilerons aux lois politiques, et nous considérerons comme étant de droit public, les lois sur les matières qui tiennent à l'ordre public ou aux bonnes mœurs ; celles qui ont pour but de garantir la sûreté des citoyens et de maintenir la paix dans le pays ; l'empire de ces lois, dans ce temps, ne recevra aucune limite. Le législateur ne doit pas s'arrêter devant le principe de non-rétroactivité, lorsqu'il s'agit d'anéantir ce qui trouble l'ordre, de faire cesser ce qui semble offenser les bonnes mœurs.

Passons au droit privé.

Ici nous rencontrerons incontestablement un plus grand nombre de droits acquis ; de plus, l'intérêt de la société demandera beaucoup plus rarement qu'on rétroagisse en les lésant. L'intérêt général sera rarement menacé d'un danger grave par le maintien temporaire d'une loi ancienne : donc notre tâche sera ici plus difficile qu'en matière de droit public.

Nous n'ignorons pas que la classification des matières du droit privé, adoptée par les rédacteurs du Code Napoléon, a été l'objet de nombreuses critiques qui, sous plus d'un rapport, ne manquent peut-être pas de fondement. Aussi, en 1846, le Faculté de Paris avait-elle donné pour sujet de concours pour le prix de doctorat une nouvelle classification philosophique et méthodique des matières du droit privé. Examiner cette grave question, ce serait ajouter une très grande difficulté aux nombreuses difficultés de cette thèse. On

ne nous saura donc pas mauvais gré de suivre,
dans l'exposition de notre sujet et avec de très
légères transpositions, l'ordre du Code Napoléon.

I. — *Lois concernant l'état et la capacité des personnes.*

Les auteurs qui ont écrit sur cette matière n'ont
pas assez compris, ce nous semble, l'importance
de certains principes élémentaires; aussi, tout
en donnant, la plupart du temps, d'excellentes
décisions, ne les ont-ils pas ramenés à des règles
fixes. C'est ce que nous allons essayer de faire.

Il faut avoir grand soin de distinguer les lois
concernant l'état des personnes de celles qui ne
s'occupent que de leur capacité : on ne saurait
appliquer les mêmes principes aux unes et aux
autres. Merlin lui-même n'a pas bien saisi l'utilité
de cette distinction fondamentale. Ainsi il nous
dit (1) : « L'état des personnes est, dans le lan-
« gage des lois, une manière d'être qui fait que
« l'on est regnicole ou étranger; qu'étant regni-
« cole on jouit de la plénitude des droits civils
« ou qu'on est mort civilement, qu'on est ou qu'on
« n'est pas engagé dans le mariage. » Ce sont là
autant de questions qui touchent à l'état d'une
personne, et cependant, dans la même phrase,
Merlin, continuant son énumération, ajoute :
« Que l'on est majeur ou mineur; qu'étant mi-

---

(1) Répertoire de jurisprudence, t. v, sect. iii, § ii.

« neur, on est sous l'autorité tutélaire ou éman-
« cipé; qu'étant majeur, on jouit de tous ses droits
« ou que l'on est, soit interdit, soit placé sous
« la surveillance d'un conseil judicaire. » Ce sont
là autant de questions qui ne touchent plus qu'à
la capacité de la personne : la confusion est évidente.

Elle se retrouve dans tous les auteurs qui ont
écrit depuis. On est donc tout étonné, en les li-
sant, de trouver une série de bonnes décisions,
et de remarquer l'absence fâcheuse de principes
résumant et coordonnant ces décisions.

Quant à nous, nous définirons l'état d'une personne, l'ensemble des qualités que cette personne
a dans la société et dans la famille, et auxquelles
la loi attache la jouissance de certaines séries de
droits et des devoirs corrélatifs : c'est ainsi qu'à
la qualité de Français l'art. 8 du Code Napoléon
attache la jouissance des droits civils; c'est ainsi
encore qu'à la qualité de mari légitime est atta-
chée la puissance maritale; qu'à la qualité de
père légitime on attache la plénitude de la puissance paternelle, le droit à des aliments et le devoir d'en fournir, des droits de succession et de
réserve dans l'hérédité de l'enfant, etc.... La capacité est, au contraire, l'ensemble des conditions
d'âge, de sexe, de développement physique et
intellectuel, de santé, auxquelles la loi attache
l'exercice plus ou moins étendu, suivant les cas,
des droits qu'elle nous a déjà attribués en eux-
mêmes, à raison de notre état. Ainsi, en raison

de votre qualité de fils légitime de Primus, la loi vous a accordé un droit de succession et de réserve dans son hérédité ; ce droit vous appartiendra, quelle que soit votre capacité ; mais, si nous vous supposons mineur, vous n'exercerez pas vous-même ce droit que vous devez à votre état ; c'est votre tuteur qui, après autorisation préalable de votre conseil de famille, acceptera, sous bénéfice d'inventaire, la succession de votre père, ou y renoncera (art. 461, C. Nap.). C'est ce même tuteur qui, avec la même autorisation, intentera, en votre nom, l'action en réduction à la quotité disponible contre les légataires et donataires de votre père.

Les qualités dont se compose l'état des personnes ont pour cause efficiente ou la naissance, laquelle est un fait indépendant de la volonté humaine, ou certains actes volontaires : tels sont l'accomplissement des conditions requises pour acquérir la qualité de Français par la naturalisation, le mariage, l'adoption, le divorce, et enfin la perpétration de certains crimes. Si nous mettons de côté le dernier de ces faits, qui demande quelques explications particulières, dont l'examen tient tout à la fois du droit pénal et du droit privé, il sera facile de se convaincre que les qualités qui forment l'état d'une personne sont le résultat d'un contrat : contrat entre la nation et le nouveau Français qui a rempli les conditions nécessaires pour être naturalisé ; contrat entre le mari et la femme ; contrat entre l'adoptant et l'adopté ;

contrat entre les deux divorçants; c'est assez dire
dès lors que, dès qu'une qualité est acquise, elle
forme un droit acquis tout aussi inviolable que les
droits résultant des contrats ordinaires qui ont pour
objet un intérêt pécuniaire. Mais, nous dira-t-on,
la naissance est un fait involontaire; par conséquent, les qualités qu'elle confère ne forment pas
un droit acquis.

A cela nous répondrons qu'il y a là, au contraire, un droit acquis inviolable. La raison en est
que l'enfant, au moment de sa naissance, acquiert
bien moins un droit personnel et nouveau qu'il
n'est investi par transmission de droits préexis-
tants dans la personne de ses auteurs; il tient sa
nationalité de son père ou de sa mère suivant les
cas; il entre dans une famille, il est le parent ou
l'allié d'une série d'individus par l'effet de la pa-
renté ou de l'alliance qui unissaient ces individus
avec son père ou avec sa mère. Les effets de la
naissance sont des effets secondaires et indirects
de certains contrats antérieurs qui sont interve-
nus autrefois, et auxquels ont concouru les ascendants plus ou moins reculés de l'enfant qui naît
aujourd'hui; en effet, ma légitimité n'est-elle pas
la conséquence du mariage de mon père et de ma
mère, et ne forme-t-elle pas un droit acquis, tout
aussi bien pour ces derniers que pour moi, avec
d'autant plus de raison que ma qualité de fils légitime a nécessairement pour corrélatif celle de
père légitime, de mère légitime, et par conséquent
de mari et de femme? Quant à la qualité d'enfant

naturel, cette qualité n'est autre chose qu'un fait
bien constaté, et la loi qui peut en régler les
effets et les modes de preuve ne peut l'empêcher
d'exister et d'avoir été prouvé d'après la loi en
vigueur, à l'époque où cette preuve a eu lieu. C'est
donc avec raison que Pomponius nous dit (1) :
« Jura sanguinis nullo jure civili dirimi possunt. »
Aussi Merlin (2) dit-il : « C'est une vérité que le
« sens intime démontre mieux que tous les rai-
« sonnements possibles. » En résumé nous considérons l'état des personnes comme une réunion
de qualités qui échappent à l'application des lois
nouvelles. Quant à l'état de mort civilement, il
serait difficile de dire qu'il y a ici droit acquis ;
car ce serait un singulier droit acquis que celui de
rester dans une position aussi défavorable, et certainement nul ne l'invoquerait ; mais d'autre part
la mort civile résulte de la condamnation à certaines peines et de l'exécution de ces peines ; d'où
il suit que la question se complique et revient à
celle-ci : quel serait l'effet d'une loi nouvelle mo-
dificatrice (et les modifications pourraient être de
diverse nature) des principes de la mort civile
sur l'effet qu'ont eu par leur exécution des arrêts
passés en force de chose jugée ? Nous examinerons
ces questions tout à l'heure.

De ce que nous avons dit plus haut que l'état

---

(1) Loi VIII, ff., de diversis regulis juris antiqui (l. 17).
(2) Répertoire de jurisprudence, t. v, vº Effet rétroactif,
sect. III, art. 7.

dés personnes formait une réunion de qualités
qui sont autant de droits acquis auxquels nous
n'appliquons pas la loi nouvelle, il ne s'ensuit pas
que les lois nouvelles qui changeraient les résultats juridiques de ces qualités et diminueraient
les droits que la loi précédente y attachait, ne
dussent pas s'appliquer immédiatement. C'est
ainsi que nous arrivons à une distinction entre
l'état lui-même et les droits attachés à chacune
des qualités dont il se compose. L'état en lui-même
est respecté par la loi nouvelle, tandis qu'il n'en
est pas ainsi des droits qui étaient le résultat de
cet état. En effet, les lois de cette dernière espèce
ne font qu'enlever à une certaine classe de la
société une faculté abstraite qui n'est pas encore
traduite en acte. Quant à la qualité des personnes,
elle tient, comme nous l'avons dit, au sexe, au
développement physique et intellectuel, à l'état
de santé ou d'insanité ; elle sert à régler non plus
les droits dont nous avons la jouissance, mais
ceux dont nous avons l'exercice. Or, si nous ne
pouvons considérer comme droit acquis la jouissance d'un droit, à plus forte raison en sera-t-il
de même de l'exercice d'un droit que le législateur nous enlève en vertu de cette grande et haute
tutelle qu'il exerce sur nous tous et dont la mission est de mesurer la capacité de chacun suivant
le développement de ses facultés intellectuelles,
le caractère plus ou moins important des divers
actes juridiques, les diverses situations dans lesquelles nous nous trouvons. L'incapable est le

protégé de la loi, il n'est pas frappé par la loi :
pourquoi donc se plaindrait-il? Ainsi que le dit
fort bien M. Demolombe (1) : « Quel individu
« pourrait dire qu'il a acquis le droit de n'être
« pas protégé? » D'ailleurs, avoir la jouissance
d'un droit, c'est tout à la fois en être investi et
pouvoir l'exercer soit par soi-même, soit par autrui; mais cette faculté seule et non traduite en
acte n'est pas un droit acquis; parce qu'elle n'a
pas été encore le principe générateur, la cause
immédiate de droits et d'obligations dans nos rapports avec les tiers; à plus forte raison doit-il en
être de même de la faculté que nous confère notre
capacité, non-seulement de faire tel acte, mais
encore de le faire par nous-même et valablement.

Ainsi donc la loi nouvelle n'atteindra pas les
qualités qui forment notre état, mais pourra régler d'une manière différente les effets de ces qualités et leur attacher un nombre plus restreint de
droits; de même la loi nouvelle sera toute-puis-
sante pour régler notre capacité autrement qu'elle
ne l'était avant, pour nous couvrir d'une protection dont jusque-là le législateur avait jugé que
nous n'avions pas besoin, ou pour ne plus nous
protéger s'il le juge convenable. Ce sont ces trois
propositions distinctes qui forment les principes
généraux sur l'empire des lois, quant au temps, en
matière d'état et de capacité; nous allons appliquer ces trois propositions aux diverses questions

(1) Cours de Code civil, t. 1, n° 48.

spéciales qui se sont présentées et ont été traitées soit par les auteurs, soit par les arrêts ; nous terminerons pas l'examen des questions énoncées ci-dessus en ce qui touche la mort civile.

L'état des personnes est, avons-nous dit, respecté par la loi nouvelle ; mais il est bien entendu que ce n'est qu'à la condition qu'il est définitivement acquis au moment de la promulgation des lois nouvel'es. Ainsi une loi survient qui change les conditions de la naturalisation, en France ; quoique la loi nouvelle ne puisse nous enlever notre qualité de Français une fois acquise, il n'en est pas moins vrai que les étrangers qui ont commencé à remplir les conditions demandées par la loi ancienne n'ont pas encore de droit acquis et seraient obligés de remplir le surcroît de conditions exigé par la dernière loi. C'est cette dernière loi qui s'appliquerait à une simple demande en naturalisation encore pendante ; mais la qualité de Français acquise soit par la naissance, soit par la naturalisation échappe à l'application de la loi nouvelle. « Ce n'est pourtant pas à dire pour « cela, fait remarquer Merlin (1), que la qualité « de regnicole une fois acquise par la naissance « ou la naturalisation ne puisse jamais se perdre « par l'effet d'une loi survenue depuis. Sans doute « elle ne peut pas être détruite par l'effet immé- « diat de cette loi, mais elle peut l'être par le « concours de la puissance de cette loi avec un

---

(1) Répertoire, t. v, v° Effet rétroactif, sect. III, § II, art. 1.

« fait postérieur et dépendant de la volonté du
« regnicole né ou adoptif. C'est ainsi qu'aux ter-
« mes des art. 17 et 22 du Code civil, tout Fran-
« çais perd sa qualité par la naturalisation qu'il
« acquiert en pays étranger, par l'acceptation
« non autorisée par le roi de fonctions publiques
« confiées par un gouvernement étranger, par
« l'établissement en pays étranger sans esprit de
« retour, tous faits qui sont bien volontaires de
« sa part. » La remarque de Merlin est juste; il
ne s'agit ici, en effet, que de l'application d'une
peine à un délit commis postérieurement à la loi
qui édicte cette peine.

Une loi nouvelle paraît qui modifie les conditions de validité du mariage; nous aurons ici les
mêmes observations à faire. S'il n'y avait encore
que de simples préliminaires, par exemple, des
publications faites, la loi nouvelle s'appliquerait.
Si, au contraire, nous supposons le mariage célébré, la loi nouvelle est inapplicable lorsqu'elle
déclare nul un mariage valable sous l'empire de
l'ancienne loi. Il y a, en effet, pour les époux, un
droit acquis; il est bien clair que le législateur a
voulu empêcher les mariages à venir, que c'est là
le seul but moral qu'il a voulu atteindre; que,
quant aux mariages antérieurs, rien ne nous
prouve qu'il ait voulu les atteindre; il peut y avoir
intérêt pour les bonnes mœurs à défendre un
mariage non encore célébré, et tout à la fois
intérêt pour les bonnes mœurs à ne pas troubler
les rapports créés par ce même mariage, si nous

le supposons célébré soit à cause de la présence
des enfants, soit parce qu'il y a actuellement un
mal de commis, il est vrai, mais de telle nature
qu'il ne peut être réparé, et enfin parce qu'il est
toujours dur de créer pour une femme une situation déplorable, situation que M. Oudot a si bien
dépeinte, en disant de cette femme dont le mariage a été annulé, qu'elle n'est ni fille, ni
femme, ni veuve. Si, au contraire, la loi nouvelle déclare valable un mariage nul antérieurement, elle s'appliquera immédiatement, car cette
loi est favorable à la légitimité des enfants. Les
bonnes mœurs exigent cette application aux faits
antérieurs.

Nous avons déjà dit que l'état d'enfant naturel
formait un droit acquis; tous les auteurs sont
d'accord sur ce point; mais cependant il y a dis-
sidence sur la question de savoir si notre règle
s'applique seulement la reconnaissance une fois
faite ou le jugement déclaratif de paternité ou de
maternité une fois rendu, ou si, au contraire,
il suffirait qu'un individu fût né sous l'empire
d'une loi qui permettrait à ses auteurs de le reconnaître ou l'autoriserait à les rechercher, pour
que la loi nouvelle ne pût pas enlever aux uns et
aux autres cette faculté. Notre opinion est que la
loi nouvelle ne respecterait que cette faculté réduite en acte, et que l'enfant naturel non reconnu
ou n'ayant pas encore obtenu de jugement déclaratif de paternité ou maternité, ne pourrait
plus être reconnu ou ne pourrait plus obtenir ce

jugement. C'est sans doute l'autorité si grande de Merlin qui a entraîné la cour de Grenoble à rendre, le 5 août 1829 (1), un arrêt contraire à notre sentiment ; il nous semble que le fait seul de la naissance ne suffit pas pour créer immédiatement les rapports légaux de paternité ou maternité et filiation ; que ces rapports ne sont créés aux yeux de la loi que par la reconnaissance accomplie ou le jugement rendu suivant les conditions qu'elle détermine ; donc, tant que la reconnaissance n'a pas eu lieu, tant que le jugement est encore à rendre, l'effet n'est pas produit, la qualité d'enfant n'est pas acquise. Merlin se fonde principalement sur ce que l'objet direct de l'action en déclaration de paternité est principalement et même uniquement, dans beaucoup de pays, de faire déclarer le père assujetti à l'obligation de fournir des aliments à son enfant ; que, dès lors, priver l'enfant déjà né du droit de rechercher son père, c'est le priver d'un droit qu'il tient de la nature ; mais la loi actuelle l'en prive bien aujourd'hui ; or, qu'elle l'en prive un peu plus tôt, un peu plus tard, qu'elle s'applique à un plus ou moins grand nombre d'enfants naturels, il n'en est pas moins vrai que ce droit n'est pas absolu, et que, tant qu'il n'a pas été exercé et réalisé, il demeure subordonné aux lois, même nouvelles, réglant ces sortes de matières.

Du reste, notre opinion pourrait encore s'ap-

_____

(1) Dalloz, 1833, t. I, page 80.

puyer sur des considérations puissantes d'ordre
et de morale ; nous n'en voulons pour preuve
que l'arrêt même de la cour de Grenoble que nous
citions tout à l'heure, arrêt qui autorisait, sous
l'empire du Code Napoléon, la recherche d'une
paternité adultérine.

Ce que nous venons de dire, quant à la qualité de Français, quant à celle d'époux, quant à
celle d'enfant naturel, est également vrai en ce
qui touche un divorce prononcé ou une adoption
définitivement inscrite sur les registres de l'état civil. Cette adoption et ce divorce ont créé des droits
désormais acquis ; mais les lois nouvelles régle-
raient, ainsi que nous en avons donné les motifs,
les adoptions projetées ou les divorces non encore
prononcés. Aussi, malgré la loi abolitive du divorce, du 8 mai 1816, faut-il considérer le titre
du divorce du Code Napoléon comme étant encore loi de l'État, lorsqu'il s'agit de régler les effets des divorces prononcés antérieurement à la
promulgation de cette loi. C'est pourquoi notre
avis est que les empêchements aux mariages dic-
tés par les articles 295 et 298 subsistent encore.
Supposons, maintenant, qu'au lieu de changer les
conditions mêmes du mariage célébré, du divorce
prononcé, de la reconnaissance faite, de la naturalisation acquise, etc., la loi nouvelle change les
effets des diverses qualités acquises. Nous avons
déjà dit que ces lois s'appliqueraient aux faits antérieurs ; sur ce point, nous n'avons à examiner
qu'une seule question. Il résulte de notre principe

qu'une loi nouvelle sur la puissance maritale s'applique même aux époux mariés avant sa promulgation ; mais ici il y a une nuance délicate à saisir, qui rend parfois difficile l'application de notre principe. D'une part, en effet, les lois qui règlent la puissance maritale doivent s'appliquer même aux mariages antérieurement célébrés ; d'autre part, et nous aurons bientôt l'occasion de l'expliquer, les contrats en général et spécialement les contrats de mariage sont réglés par la loi en vigueur au moment où ils ont été consentis; or, précisément les conventions matrimoniales ont cela de particulier qu'à certains égards elles agissent sur la capacité même de la femme et sur l'étendue de la puissance maritale qui n'est pas la même sous les divers régimes (1) ; de là, nous tirerons, avec la cour de cassation, deux décisions qui, à première vue, pourraient ne pas paraître parfaitement d'accord ; ainsi, nous déciderons, avec les arrêts des 19 novembre 1832 (2) et 7 décembre 1836 (3), que la femme mariée sous l'empire du droit écrit, qui lui permettait d'aliéner ses biens paraphernaux sans l'autorisation de son mari, ne peut plus les aliéner sous l'empire du Code Napoléon sans cette autorisation. Nous déciderons, au contraire, avec un arrêt du 16 mai 1843 (4), que les époux qui, selon la législation existant

_____

(1) Voy. Code Nap., art. 217, 1449, 1538.
(2) Dalloz, 1833, t. I, page 15.
(3) Carette et de Villeneuve, 1837, t. I, p. 416.
(4) Carette et de Villeneuve, 1843, t. I, page 534.

au moment de la célébration de leur mariage, jouissaient du droit d'aliéner les biens dotaux, peuvent encore les aliéner sous l'empire du Code Napoléon, alors même que la constitution dotale aurait compris les biens à venir, et qu'il s'agirait d'aliéner les biens à venir advenus à la femme depuis la promulgation du Code.

Ces deux arrêts se concilient par une distinction bien simple. Dans l'espèce des arrêts de 1833 et 1836, il s'agit d'une nouvelle loi ayant principalement pour but de régler la capacité de la femme et l'autorité du mari, et qui n'a pas surtout en vue les biens des futurs époux, une loi qui se rapporte aux effets de la qualité d'époux sur la personne de la femme, sur l'étendue de l'obéissance qu'elle doit à son mari, loi qui, dès lors, est d'ordre public et à laquelle des époux qui se marieraient aujourd'hui ne pourraient déroger; au contraire, dans l'espèce de l'arrêt de 1843, la loi nouvelle concerne les biens plutôt que la personne; l'art. 1554 du Code Napoléon a plutôt en vue la conservation et la restitution de la dot que les devoirs d'obéissance de la femme dans la famille. Appliquer cette loi nouvelle à un contrat de mariage antérieur, ce serait changer entre les époux une convention quant aux biens; il y a ici un contrat qu'il faut respecter : car si les époux eussent su, à l'époque où ils se sont mariés, que l'adoption de ce régime entraînerait inaliénabilité des immeubles dotaux, peut-être ne l'eussent-ils pas adopté. Il résulte aussi du même principe

que les lois concernant la puissance paternelle
sont immédiatement applicables ; il ne pourrait,
à cet égard, y avoir de doute que quant aux
effets de la puissance paternelle sur les biens de
l'enfant. Pour ce cas, nous croyons devoir maintenir notre décision, parce que la disposition
quant aux biens n'est, la plupart du temps, que
le résultat de la plus ou moins grande extension
de la puissance paternelle elle-même, spécialement lorsque le Code civil accorda l'usufruit
légal des biens de l'enfant au père, et, après la
mort du père, à la mère, jusqu'à ce que l'enfant
eût atteint l'âge de dix-huit ans, cette disposition
dut s'appliquer immédiatement, d'autant plus
que cet usufruit ne fut considéré par les rédacteurs du Code que comme le salaire de l'administration du père ou de la mère ; or, la loi disant
qu'on salariera une administration qu'elle avait
d'abord voulu être gratuite, ne doit-elle pas s'appliquer immédiatement lorsqu'il s'agit d'une administration déférée non par un contrat, mais
par la loi elle-même ? Il en sera de même de la
tutelle que de la puissance paternelle et de la
puissance maritale. Les lois sur cette matière
s'appliqueront immédiatement ; la tutelle, en
effet, n'est autre chose que le droit de protection
appartenant à l'État et exercé par la personne à
qui le législateur, au nom de l'État, a délégué
cet exercice ; les lois sur les tutelles sont donc
une branche du droit public, mais ayant une
grande connexité avec le droit privé. Nous (ne

ferons, en ce qui concerne cette matière, qu'une petite restriction pour les obligations résultant de l'administration d'une tutelle auxquelles il faudra appliquer les règles que nous développerons plus tard dans la matière des obligations.

Ainsi, quant à la délation de la tutelle et aux pouvoirs plus ou moins étendus du tuteur, la loi nouvelle s'appliquera immédiatement ; quant à l'étendue de ses obligations, nous n'appliquerons la loi nouvelle qu'aux faits nouveaux. On sait déjà qu'en matière de capacité, les lois nouvelles s'appliquent immédiatement et rendront par leur promulgation, un incapable capable, un capable incapable ; nous en avons assez longuement exposé les motifs. Supposons une loi qui déclare que la majorité aura lieu, pour les Français seulement, à l'âge de vingt-cinq ans ; il est bien entendu que les actes passés après la vingt et unième année, par ceux qui sont retombés en tutelle, et que les jugements qui ont été rendus à la suite d'instances dans lesquelles ils étaient parties, conserveront toute leur efficacité ; mais tous les principes développés jusqu'ici veulent absolument qu'ils redeviennent mineurs jusqu'à ce qu'ils aient atteint la vingt-cinquième année. Cette vérité est pourtant niée par M. de Savigny (1). Cette erreur du célèbre jurisconsulte allemand est d'autant plus inconcevable qu'il adopte, en matière de capacité, les mêmes principes que nous,

(1) Ouvrage cité, § cccLxxxv (note f), et § cccLxxxix.

et qu'à côté de la décision que nous combattons, il en donne quelques autres qu'il est impossible de mettre en harmonie avec cette dernière ; ainsi M. de Savigny décide que si dans un pays la tutelle des femmes était inconnue, et qu'une loi nouvelle vint à l'établir, toutes les femmes du pays s'y trouveraient immédiatement soumises. Nous adoptons pleinement cette opinion ; mais pourquoi n'en serait-il pas de même d'une loi nouvelle venant établir la tutelle des hommes ayant plus de vingt et un ans et moins de vingt-cinq ans? Impossibilité encore de mettre d'accord la décision de M. de Savigny sur les lois qui traitent de la majorité avec celle qu'il donne à deux reprises différentes (1) sur l'introduction du sénatus-consulte Velléien dans nos pays, opinion que nous avons déjà rapportée et adoptée. Enfin, M. de Savigny admet, et nous admettons avec lui, que tout ce que la loi nouvelle fait soit pour aggraver, soit pour améliorer la condition des prodigues, doit s'appliquer immédiatement; comment encore conciliera-t-on cette décision avec celle qu'il donne en matière de majorité ?

Il nous reste à traiter les questions qui se présentent en matière de mort civile. D'une part, les lois sur l'état des personnes rétroagissent lorsqu'elles sont favorables, parce qu'elles ne lèsent aucun droit acquis; d'autre part, un arrêt prononçant une peine portée par la loi, une fois

---

(1) Ouvrage cité, § ccclxxxv (note 1), et § ccclxxxix.

passé en force de chose jugée, est, par la nature
même des choses, définitif, perpétuel et irrévocable. La mort civile résulte de l'exécution réelle
ou par effigie de la peine de mort naturelle, et de
l'exécution réelle ou par effigie de la peine des
travaux forcés à perpétuité ; pour la solution des
diverses questions qui peuvent se présenter dans
cette matière, il faut combiner les deux principes
ci-dessus énoncés. Si nous supposons d'abord une
loi nouvelle abolissant la mort civile, il est hors
de doute que les morts civilement en seront rele-
vés, la loi n'admettant plus cette catégorie de
personnes. Cela est d'autant plus vrai, que le
législateur qui abolirait la mort civile obéirait à
des motifs de haute morale, car cette peine est
blâmable sous plusieurs points de vue ; elle présente quatre grands inconvénients : 1° d'être in-
divisible dans sa durée et son intensité, c'est-à-
dire de n'avoir ni maximum ni minimum ;
2° d'être inégale et inappréciable, c'est-à-dire
d'être indifférente aux criminels d'habitude et
très sensible aux autres ; 3° de n'être pas morale,
car elle partage aux enfants les dépouilles antici-
pées du père ; s'ils laissent leur père sans secours,
l'opinion publique les flétrira ; si le partage est
fictif, la loi sera éludée ; 4° de n'être pas exem-
plaire, car c'est une peine négative, invisible.
Donc, indépendamment des raisons déjà développées, une pareille loi nous apparaîtrait comme
prouvant chez le législateur l'intention d'atteindre
un but moral, et qui devrait rendre cette loi im-

médiatement applicable. Toutefois il est bien entendu que les droits acquis à des tiers , par suite
de cette mort civile , devraient être respectés. Si
nous supposons une loi, qui déclare que telle
peine n'emporte plus la mort civile , par exemple
la loi du 8 juin 1850, art. 3, en ce qui touche la
déportation , dès que l'état du mort civilement
est conservé dans nos lois , rien ne prouve que le
législateur ait voulu porter la main sur des arrêts
souverains , et ceux qui auront encouru la mort
civile précédemment , par l'exécution de la peine
de la déportation , resteront morts civilement,
tandis que l'on peut supposer d'autres cas où,
sans abolir entièrement la mort civile , le législateur montre l'intention de modifier, dans leurs
effets , des arrêts passés en force de chose jugée.
D'après l'art. 24 du Code Napoléon, les peines
autres que celles de mort naturelle n'entraînent ,
par leur exécution, la mort civile qu'autant
qu'elles sont perpétuelles ; si une loi supprimait
les peines perpétuelles , elle ne relèverait pas de
la mort civile ceux qui l'ont précédemment encourue de cette manière ; mais si , comme l'art. 5
de la loi du 3 septembre 1792, cette loi déclarait
expressément que les peines, quoique déjà appliquées, ne sont plus perpétuelles , la mort civile
cesserait ; car ici , elle n'est que l'effet d'une
cause , la perpétuité d'une peine à laquelle elle
ne doit pas survivre. Le législateur a montré son
intention de modifier les arrêts souverains de la
justice criminelle, puisqu'il a modifié les peines

prononcées. Il faut donc décider qu'il a voulu aussi modifier l'effet de ces peines.

Merlin examine (1) la question de savoir si la loi du 19 février 1790, qui abolit les vœux monastiques, a fait cesser la mort civile dont, suivant l'opinion de beaucoup d'auteurs, étaient frappés les religieux profès. Merlin résout cette question affirmativement; mais c'est en invoquant plusieurs dispositions expresses des lois de l'époque ; en supposant même que ces diverses dispositions n'eussent pas existé, la décision eût dû être la même; car la loi nouvelle, abolissant les vœux monastiques, et annulant ceux qui avaient été précédemment prononcés, devait être considérée comme faisant cesser la mort civile, qui n'était que la conséquence de ces vœux (*sublata causa, tollitur effectus*).

II. *Lois concernant la distinction des biens.*

Supposons qu'une loi nouvelle change la nature de certains biens et déclare meuble, par exemple, un bien qui était précédemment immeuble, et *vice versa*; cette loi pourra-t-elle être appliquée aux actes quelconques antérieurs à sa promulgation ?

La question s'est spécialement présentée lors de la promulgation du Code Napoléon, en ce qui

(1) Répertoire de jurisprudence, v° Effet rétroactif, sect. III, § II, art. 4.

touche les rentes foncières constituées moyen-
nant l'aliénation d'un immeuble, les anciens
census reservati; ces rentes étaient immeubles,
elles devinrent meubles; devra-t-on les traiter
comme meubles sous l'empire du Code Napoléon,
en ce qui touche l'exécution d'actes antérieurs à
la promulgation de ce Code? Merlin (1) et M. Duranton (2) répondent à notre question en distin-
guant et sous-distinguant. Ainsi, ils distinguent
d'abord entre les actes révocables et les actes
irrévocables. L'acte est-il révocable, par exemple,
une personne décédée depuis le Code Napoléon
a, par un testament fait sous l'empire de l'ancien
droit, légué à Primus ses meubles, à Secundus
ses immeubles, Merlin et M. Duranton répondent
que le testateur ayant survécu au Code Napoléon
et n'ayant pas changé, comme il le pouvait, ses
dispositions, les rentes seront réputées meubles
et appartiendront au légataire des meubles; au
contraire, deux époux se sont mariés sous le régime de la communauté légale à une époque où
les rentes étaient immeubles et demeuraient
propres à chacun d'eux, tandis que, depuis le
Code Napoléon, elles sont meubles et tombent
dans la communauté (3), il s'agit ici d'un acte
irrévocable, et nos auteurs sous-distinguent : les
rentes qui appartenaient déjà aux époux ou à l'un

(1) Merlin, Répert. de jurisp., t. v, vº Effet rétroactif,
sect. III, § III, art. 3.
(2) Cours de droit français suivant le Code civil, t. xiv, p. 151.
(3) Voir Code Napoléon, art. 1401 et 1404.

d'eux, avant la promulgation du Code Napoléon, doivent continuer à être considérées, par rapport à eux et à la communauté, comme des meubles ; mais quant à celles qu'ils ont acquises postérieurement par suite de donations, successions ou legs, comme elles n'ont jamais été possédées par eux que comme meubles et qu'elles sont entrées avec cette qualité dans leur patrimoine, elles seront réputées meubles et tomberont à ce titre dans la communauté.

Nous ne saurions admettre, malgré la grande autorité des jurisconsultes cités, aucune de ces distinctions. Nous préférerions dire que, dans tous les cas, les rentes conserveront le caractère immobilier qu'elles avaient soit à l'époque du testament soit à celle du mariage. De quoi s'agit-il ici ? D'interpréter la volonté du testateur ou des époux. Depuis l'époque où ils ont manifesté cette volonté, les mots ont changé de signification ; le mot *immeuble* a une signification plus restreinte, celle du mot *meuble* est d'autant plus étendue ; il semble logique de consulter pour l'interprétation d'une volonté, et cela dans tous les cas, le dictionnaire en usage, lorsque cette volonté a été exprimée, et non pas un dictionnaire qui a été fait vingt ou trente ans après. Quant à l'acte révocable, quant au testament, nous apercevons une raison à la décision de nos adversaires, la voici : le testateur pouvait changer la disposition, il ne l'a pas fait, donc il a accepté la nouvelle signification des mots ; cette raison est fausse, car

elle consiste purement et simplement à imposer
au testateur l'obligation de refaire son testament,
lorsque change la signification des mots qu'il a
employés. Où est le texte qui impose cette obligation? Quel délai lui accordera-t-on pour faire
ce changement? Sera-t-il censé avoir accepté cette
nouvelle signification des mots, s'il meurt subi-
tement, vingt-quatre heures après que la loi qui
change cette acception de mots sera devenue
obligatoire? Que décider d'ailleurs, si, à ce mo-
ment-là, il était incapable de manifester sa volonté, si, par exemple, il était interdit? Sur ce
premier point, notre opinion est donc préférable.
Quant aux rentes acquises par les époux après la
promulgation du Code Napoléon, que nous décla-
rons devoir être traitées comme des immeubles, et
que nos adversaires traitent comme des meubles,
nous maintiendrons notre opinion, fondée sur les
raisons ci-dessus, sans discussion, par le motif
que nous n'apercevons pas l'ombre d'une raison
à l'appui de l'opinion adverse.

III. *Propriété; démembrements de la propriété.*

Ainsi que le dit M. de Savigny (1), c'est dans
la matière dont nous allons nous occuper que se
fait l'application la plus pure et la plus complète
des principes généraux sur l'empire des lois dans
le temps. Au moment où nous allons entrer dans

(1) Ouvrage cité, § cccxc.

l'examen des questions qui concernent la propriété et les autres *jura in re*, nous nous bornerons à prier le lecteur de se souvenir de la distinction faite plus haut entre les lois qui ont trait à l'acquisition des droits, lesquelles respectent les droits acquis et les lois sur l'existence même des droits, lesquelles n'obéissent pas à ce principe; les raisons à l'appui de ce que nous avançons sont développées dans notre premier chapitre.

Nous allons nous borner à quelques applications. Nous avons déjà supposé plus haut la promulgation d'une loi demandant pour le transfert de propriété des immeubles la formalité de la transcription, comme le faisait la loi du 11 brumaire an VIII, dans un pays où l'on suivait la théorie du Code Napoléon, qui admettait la transmission de la propriété immobilière par la seule énergie des contrats, et nous avons décidé que la propriété acquise par simple contrat formait un droit irrévocablement acquis qui n'avait rien à craindre de la loi postérieure. En sens inverse, sous l'empire d'une loi qui exigerait la transcription, un simple contrat non accompagné de transcription n'aurait pas transmis la propriété, lors même qu'une loi postérieure déclarerait le simple contrat suffisant; il faudrait alors, pour transmettre la propriété, ou un nouveau contrat fait depuis la loi nouvelle, ou la transcription ajoutée au premier contrat. Mais, dira-t-on, la loi est favorable, elle ne vient pas léser un droit acquis.

Nous répondrons que certainement si nous appliquions cette loi nouvelle aux faits antérieurs, le nouveau propriétaire n'aurait pas à se plaindre, mais le droit qu'il acquerrait un autre le perdrait. Mais cet autre se plaint contrairement à l'équité, puisqu'il y a contrat. Pour notre décision, ce n'est pas, en effet, le cocontractant dont l'intérêt nous touche, mais nous songeons aux seconds acheteurs ou à tous autres tiers qui auraient traité avec le premier propriétaire sur la foi des lois existantes. C'est le cas de se rappeler le mot de Caton : « Nulla lex satis commoda omnibus. »

Ce que nous venons de dire pour la propriété doit évidemment être dit, en ce qui touche les autres droits réels et spécialement en ce qui touche l'usufruit, l'usage, l'habitation et les servitudes ou services fonciers, dont il est traité dans les titres qui terminent le livre II du Code Napoléon. Une seule exception doit être faite en ce qui touche les servitudes légales. Quand une loi nouvelle vient établir des servitudes légales, ces servitudes prendront naissance partout où se rencontreront les conditions de fait exigées par la loi. En voici le motif : ce ne sont pas là, à proprement parler, des servitudes; une servitude est une charge exceptionnelle imposée en dehors du droit commun; et on ne peut reconnaître ce caractère qu'aux servitudes établies par la volonté du propriétaire maître de modifier ou limiter son droit, de s'imposer des charges, en s'interdisant l'exercice de certains actes ou en partageant avec

d'autres l'exercice de certaines facultés auxquelles
il a un droit exclusif; les servitudes dérivant de
la loi, au contraire, ne sont pas des charges qui
paralysent des droits appartenant au propriétaire,
mais seulement les modes légaux suivant lesquels
s'exerce le droit de propriété, les limites dans lesquelles le législateur a jugé à propos de le resser-
rer dans l'intérêt de tous; donc les lois introdui-
sant de nouvelles servitudes légales, n'ont pas
pour objet l'acquisition d'un droit; elles ont pour
objet un changement apporté, une modification
faite à la nature et à l'étendue du *dominium ple-
num*. Or nous savons déjà que les règles de cette
nature rétroagissent au mépris des droits acquis.

IV. *Lois sur les successions ab intestat.*

Dans notre premier chapitre, nous avons établi
que l'espérance d'être héritier n'était qu'une
simple expectative; qu'à l'ouverture de la succession et seulement alors naissait un droit acquis
que respecteront les lois nouvelles; ainsi, en ren-
voyant à la discussion du chapitre 1er, nous tenons
pour vrai que la vocation à une succession future
ne forme pas un droit acquis; qu'il en est autrement de la vocation à une succession ouverte;
que, dès lors, on doit toujours appliquer à une
succession, pour en faire la dévolution, les règles
contenues dans la loi en vigueur lors de son ouverture.

L'application de ce principe au droit français

actuel, ne peut présenter aucune difficulté. Dans les pays régis par le droit romain, comme le sont certaines parties de l'Allemagne, il peut se présenter certaines questions. Sous l'empire du Code Napoléon (art. 718), les successions s'ouvrent par la mort naturelle et par la mort civile; de plus (art. 724), l'héritier est saisi de plein droit, c'est-à-dire que l'effet de l'acceptation n'est pas d'investir l'habile à succéder de la succession avec effet rétroactif au jour du décès du *de cujus*, mais bien seulement de fermer à l'héritier déjà investi par l'effet de la saisine, toute voie à la renonciation. L'héritier est appelé à renoncer et non à accepter: aussi est-ce avec beaucoup de vérité et de raison que M. Oudot a donné, de l'acceptation d'une succession, la définition suivante, qui peut paraître bizarre, mais qui, au fond, est aussi vraie que spirituelle: « l'acceptation est la renon-«ciation au droit de renoncer.» Ces deux principes suppriment, pour notre matière, les difficultés auxquelles donnent lieu les principes opposés du droit romain, difficultés que nous allons examiner.

L'ouverture de la succession ab intestat se place en droit romain, 1° quand il n'y a pas de testament à l'époque de la mort (1); 2° quand il y a un testament, à l'époque où il devient certain qu'il ne se présentera pas d'héritier testamen-

---

(1) Institutes, § 6, de legitima agnatorum successione (III, 2).

taire (1). Il peut donc arriver, en droit romain, qu'une loi nouvelle intervienne pour régler une s.lccession ab intestat postérieurement à la mort du *de cujus*, et antérieurement à l'ouverture de la succession ab intestat; cette loi nouvelle devra être appliquée pour régler la dévolution de cette succession.

En droit romain, il s'écoulera toujours un certain temps entre l'ouverture de la succession et l'addition d'hérédité nécessaire pour que la confusion des deux patrimoines soit opérée, à moins cependant qu'il ne s'agisse d'un *suus heres* ou d'un esclave *heres necessarius*; or une loi nouvelle postérieure à l'ouverture de la succession et antérieure à l'addition d'hérédité devrait-elle être appliquée à cette succession déjà ouverte? Nous déciderons que non, malgré l'opinion contraire de plusieurs jurisconsultes allemands: leur objection principale consiste à dire que le droit conféré par l'ouverture de la succession à l'appelé n'est pas un droit acquis, qu'il ne le devient que par l'addition d'hérédité. Nous croyons, au contraire, que l'ouverture de la succession confère à l'appelé un droit acquis, à savoir, le droit exclusif d'accepter la succession et de la confondre avec ses biens, ou de ne pas l'accepter selon son bon plaisir; ce droit est certainement moindre qu'il ne le sera après avoir été transformé par l'addition d'hé-

(1) Institutes, principium, et §7, de hereditatibus quæ ab intestato deferuntur (III, 2).

rédité, mais il n'en existe pas moins depuis que la succession s'étant ouverte, la loi a directement appelé un parent à recueillir cette succession. Tel était, du reste, l'avis de Justinien. En effet, une constitution de Valentinien II avait appelé les descendants simplement cognats à la succession de leurs ascendants, à l'exclusion des agnats, mais en réservant à ceux-ci un quart de la succession (1). Justinien, par la loi XII au Code, *de suis et legitimis* (**VI,** 55), supprima ce prélèvement du quart des agnats, et attribua la totalité de la succession aux descendants cognats; à ce sujet l'empereur nous dit : *Quod tantum in futuris non etiam præteritis negotiis servari decernimus.* Ce serait lui faire dire une naïveté que d'appliquer ces mots à l'adition d'hérédité; le *futurum negotium* n'est autre que l'ouverture de la succession, ce qui est, du reste, prouvé par les mots qui précèdent immédiatement : *Sed descendentes soli ad mortui successionem vocentur.* Par conséquent, la loi nouvelle ne s'appliquera pas aux successions déjà ouvertes, mais dont il n'aura pas encore été fait adition.

Ce que nous avons dit plus haut, en ce qui touche la loi qui doit régler, en droit français, la succession d'une personne, ne devrait pas être, par analogie, étendu à certains droits de survie résultant tout à la fois de la loi et de la convention

---

(1) Loi iv, C. Th., de legitimis hereditatibus (v, 1), Institutes § 16, de hereditatibus quæ ab intestato deferuntur (iii, 1).

des parties : ainsi, deux époux se sont mariés sous
l'empire d'une coutume qui accordait des gains de
survie, le survivant peut-il les réclamer, bien que
son conjoint soit décédé depuis la promulgation
du Code Napoléon ? Evidemment oui ; il y avait
pour chacun des époux un droit acquis, quoique
conditionnel (1).

Quelle sera la loi qui devra régler l'obligation
du rapport entre cohéritiers ?

On peut concevoir sur les rapports, en matière
de donations, quatre systèmes principaux de législation :

1° Le système autrefois admis dans les coutumes
d'égalité et que leur avait emprunté la loi du 17 ni-
vose an II (art. 9 et 16) ; ce système consistait en
une incompatibilité absolue entre la qualité d'héritier même renonçant, et celle de donataire.
2° Le système admis par les coutumes de Paris et
d'Orléans, qui, tout en refusant au donateur la faculté de dispenser du rapport le donataire, admettait cependant le successible à se soustraire à
cette obligation , en renonçant à la succession.
3° Le système admis dans le dernier état de la législation romaine, dans les coutumes de préciput,
par la loi du 4 germinal an VIII, et enfin par le
Code Napoléon. Ce système admet que l'obligation
du rapport cesse non-seulement par la renonciation du successible à la succession, mais encore

---

(1) Voir ce qui a été dit supra, chap. 1er, sur les droits conditionnels et les droits à terme.

par une dispense émanée du testateur, dispense qui doit être expresse. 4° Un système qui consisterait à n'imposer l'obligation du rapport que quand le donateur l'aurait expressément ordonné dans l'acte même de la donation.

Lorsque de l'un de ces systèmes on passera à un autre, devra-t-on appliquer la loi nouvelle ou la loi ancienne? Après mûre réflexion, il nous semble impossible de répondre à cette question par une règle générale, ce qui tient à ce que ces divers systèmes n'ont pas tous le même caractère; ainsi, les deux premiers contiennent un ordre émané du législateur, qui devra être exécuté sans que l'on ait à s'occuper de l'intention du donateur; tandis que les deux derniers systèmes consistent dans de pures règles d'interprétation de cette volonté. Supposons d'abord qu'une donation ait été faite à un héritier présomptif sous l'empire d'une loi qui n'imposait pas l'obligation de rapporter, ou bien que la donation ait été faite avec dispense de rapport, la loi permettant de faire pareille dispense, et que le donateur vienne à décéder, sous l'empire d'une loi qui refuserait au donateur la faculté de dispenser du rapport, tout en admettant le successible à se soustraire à cette obligation en renonçant à la succession. Dans cette hypotèse, qui est la seule que Merlin traite (1), il faut décider, avec le savant procureur général, que le rapport

(1) Répert. de jurisp., t. v, v° Effet rétroactif, section III, § 3, art. 6.

est dû, ou, en d'autres termes, que c'est la loi nouvelle qui s'applique. La raison de décider est que c'est la loi de l'ouverture de la succession qui en règle la dévolution ; que, dès lors, le législateur aurait pu ne pas appeler le donataire à la succession du donateur ; qu'en conséquence il peut parfaitement lui imposer des conditions en continuant de l'appeler, et lui dire : La donation vous a rendu propriétaire ; elle a créé un droit acquis ; nous ne l'attaquons pas ; mais quant à la simple expectative que formait pour vous la vocation à une succession future, nous vous l'enlevons, à moins que vous ne consentiez à opérer le rapport, c'est-à-dire à renoncer au bénéfice de la donation qui vous fut faite par le défunt, sous l'empire de la loi ancienne. Cet argument nous semble sans réplique, parce que la loi nouvelle donne ici un ordre indépendant de la volonté du défunt ; elle ne comprend d'héritier non renonçant qu'à la condition du rapport ; il faut donc lui obéir ou se résigner à n'être pas héritier.

Supposons, maintenant, qu'une donation ayant été faite de la même manière sous l'empire des mêmes principes que celle que nous venons de supposer dans le premier cas, le changement de législation ait été encore plus grand et que le donateur soit mort sous l'empire du système de la loi du 17 nivôse an II, qui n'admettait ni la dispense émanée du donateur, ni la renonciation à la succession comme moyen d'éviter l'obligation du rapport. Dans ce cas, nous appliquerons tout à

la fois la loi nouvelle et la loi ancienne : la loi
nouvelle, en ce que l'héritier donataire serait
tenu, pour jouir de la vocation de la loi, de se
soumettre aux conditions nouvelles imposées par
le législateur et, par conséquent, de rapporter s'il
acceptait; la loi ancienne, en ce sens que l'on ne
pourrait pas lui dire : Vous ne conserverez pas
les biens donnés, alors même que vous renonce-
riez à la succession, parce que de la donation est
né un droit acquis, définitivement acquis, ne dépendant plus de la volonté du donateur et qui a
pu être transmis à des tiers. Donc le résultat pratique sera le même dans les deux hypothèses que
nous venons de faire, mais le résultat théorique
sera différent. Si nous supposons, au contraire,
que le changement de législation intervenu entre
la donation et la mort du donateur consiste dans
l'adoption de l'un des deux derniers systèmes ou
dans la substitution de l'un à l'autre, nous devrons toujours appliquer la loi ancienne, parce
qu'il ne s'agit plus que d'une question d'interprétation de la volonté du donateur. Depuis que le
donateur a exprimé sa volonté, les mots ont
changé de signification; l'interprétation sur laquelle le donateur a dû compter, eu égard à la loi
sous laquelle il agissait, n'est plus l'interprétation actuelle ; n'est-il pas raisonnable de se rapporter à la loi ancienne, c'est-à-dire d'avoir
recours, pour interpréter une volonté, au dictionnaire de l'époque à laquelle elle a été manifestée et non à un dictionnaire qui a été fait plus

tard? Nous ne pousserons pas plus loin la dé-
monstration de cette vérité; nous ne pourrions,
en effet, que répéter ce que nous avons dit plus
haut sur une question identique (n° 112, lois sur
la distinction des biens).

V. *Lois sur les dispositions à titre gratuit.*

La plupart des questions qui concernent les donations entre-vifs ne pourront être convenable-
ment expliquées que dans la matière des contrats,
car la donation est un contrat; c'est donc du testament que nous allons principalement nous occuper. Nous examinerons, à cet égard, diverses
questions dont une seule concernera tout à la fois
les testaments et les donations. Voici l'ordre que
nous allons suivre.

1° Quelle loi doit régler la quotité de biens
disponible en matière, soit de testament, soit de
donations, et, pour le testament, quelle loi doit en
général régler son contenu? 2° Quelle loi réglera
la capacité du testateur? 3° Même question pour
la capacité du légataire. 4° Quelle loi règle les
formes du testament? 5° Nous expliquerons les
diverses questions auxquelles pourrait donner
naissance la survenance d'une loi supprimant
complétement la succession testamentaire.

1) Quant à la première de nos questions, le
point important consiste à ne pas perdre de vue
que le testament est un acte essentiellement révocable (art. 895), tandis que la donation entre-

vifs est, au contraire, essentiellement irrévocable
(art. 894); donc le légataire n'a jusqu'à la mort du
testateur qu'une espérance précaire, qu'une simple expectative qui peut être à chaque instant
détruite par la volonté du testateur; donc la loi
nouvelle s'appliquera soit qu'elle augmente, soit
qu'elle restreigne la quotité disponible. Il faut
cependant remarquer que si la loi nouvelle augmente la quotité disponible, il pourra s'élever des
difficultés d'interprétation, et il y aura lieu de rechercher si le testateur a voulu disposer non-seulement pour la quotité disponible admise par la loi
en vigueur au moment de la confection du testament, mais encore pour la quotité disponible plus
grande qu'une loi postérieure pourrait admettre.

Mais en matière de donations faudra-t-il appliquer la loi du décès sur la quotité de biens disponible, ou, au contraire, la loi de l'époque où a
été faite la donation? Nous répondrons qu'il faut,
au contraire, ici appliquer la loi ancienne lorsque
la quotité disponible sera diminuée, la loi nouvelle si la quotité disponible est augmentée; en
effet, la donation est, après l'acceptation du donataire, immédiatement parfaite et irrévocable,
elle transfère au donataire la propriété des objets
donnés; mais, dit-on, ce droit a été, dès cet instant, affecté d'une chance de réduction pour le
cas où, lors du décès du donateur, et eu égard à
la valeur de ses biens et à la qualité de ses héritiers (art. 920), cette donation excéderait la
quotité disponible. Nous répondrons que cette

chance de réduction , cette condition résolutoire était, dès cet instant même, définie, déterminée, et qu'en dehors de cette condition, le droit du donataire était incommutable et absolu. En effet , en supposant une donation faite sous l'empire d'une législation qui ne restreindrait nullement la liberté de disposer à titre gratuit, qui ne reconnaîtrait aucun héritier à réserve, oserait-on soutenir que les lois restrictives postérieures atteindraient cette donation? Eh bien, notre hypothèse n'est-elle pas semblable?

Si, au contraire, la loi nouvelle a augmenté la quotité disponible, ou même si elle avait supprimé toute réserve, elle pourra être invoquée par le donataire antérieur, quoiqu'on ne pût pas lui opposer cette loi nouvelle si elle diminuait cette quotité. En effet, dès l'instant de la donation entre-vifs, le donataire est devenu propriétaire des biens donnés sous cette condition résolutoire , qu'il serait soumis à la réduction, si, à l'époque du décès, il se trouvait des héritiers ayant qualité pour le demander ; or, si d'après la loi en vigueur à l'époque du décès, il n'y a pas d'héritier à réserve ou s'il n'y en a que pour une certaine quotité de biens, la condition résolutoire sous laquelle le donataire était propriétaire est défaillie en tout ou en partie. D'ailleurs il ne s'agit pas seulement ici du donataire, de celui à qui profite l'augmentation de la quotité disponible; il s'agit de ceux à qui profiterait le maintien de l'ancienne quotité. Pour avoir droit à la réserve, il faut être héritier :

apud nos non habet legitimam nisi qui heres est, disait Dumoulin, sur l'art. 125 de la coutume de
Paris, et c'est encore vrai sous l'empire du Code
Napoléon; donc le droit de réserve est une annexe
et une partie intégrante du droit de succession.
Or, à l'état de vocation future, il ne peut pas former un droit acquis pas plus que le droit de
succession, et l'on ne saurait appliquer la loi ancienne, sous laquelle la réserve était plus considérable, sans changer la simple expectative d'un héritier à réserve en un droit acquis du vivant même
du *de cujus*. Or, si les héritiers présomptifs et ré-
servataires en vertu de l'ancienne loi ne peuvent
plus exercer aujourd'hui l'action en réduction, qui
peut donc venir contester au donataire la propriété
des biens qui lui ont été donnés? Il faudra donc
appliquer ici la loi nouvelle. La cour de Riom a
cependant décidé le contraire par arrêt du 2 janvier 1819 (1); mais il faut remarquer que, dans
l'espèce de cet arrêt, il résultait des termes de la
disposition et de toutes les circonstances du fait
que la volonté du donateur avait été de ne pas
dépasser en aucun cas la quotité disponible par la
loi en vigueur au moment où il disposait. On
voit, dès lors, que le moyen d'attaque contre le
donataire ne se trouvait plus véritablement dans
la loi ancienne, mais bien dans la donation
même, dans le titre même du donataire; cet
arrêt ne nous est donc nullement opposé.

---

(1) Sirey, 1819, t. 11, p. 289.

Nous appliquerons aux donations de biens à
venir faites par le contrat de mariage et connues
sous le nom d'institutions contractuelles les principes que nous avons appliqués à la donation entre-vifs. Car l'institution contractuelle est irrévocable (art. 1083), quoiqu'elle ne soit faite que
sous la condition suspensive de la survie du donataire au donateur avec substitution vulgaire
tacite au profit des enfants et descendants à naître
du mariage du donataire (art. 1082 et 1089).

Revenons aux testaments. Nous avons décidé
que c'est la loi de l'époque du décès du testateur
qui décide si les legs dépassent ou ne dépassent
pas la quotité de biens disponible ; il faut généra-
liser cette décision et dire, en thèse générale,
que tout le contenu du testament doit se juger
selon la loi de l'époque de la mort du testateur,
sans aucun égard aux prescriptions des lois antérieures même de la loi sous l'empire de laquelle
a été fait le testament; en effet, un testament
susceptible d'exécution, par conséquent le testament d'un défunt, est le seul dont le législateur
ait à s'occuper ; ce qui est écrit dans le testament
d'un individu vivant n'a pour lui aucun sens.
Ainsi le testament fait sous l'empire d'une législation qui permettait les substitutions fidéicommissaires aujourd'hui défendues par le Code Napoléon (art. 876), n'a pas dû être exécuté, s'il
contenait pareille disposition et si le testateur est
mort sous l'empire du Code ; en sens inverse, un
testament fait sous l'empire d'une loi de 1790 qui

défendait la substitution vulgaire, laquelle a été autorisée de nouveau par l'art. 888 du Code Napoléon, a dû être exécuté en ce qui touche les substitutions vulgaires qu'il aurait pu contenir.

Nous venons de décider que les substitutions fidéicommissaires devaient, quant à leur validité, être jugées par la loi de l'époque du décès du testateur, si elles sont contenues dans un testament : inutile d'assurer qu'elles obéissent sous ce rapport, lorsqu'elles sont contenues dans une donation entre-vifs, à la loi en vigueur à l'époque où la donation a reçu sa perfection par l'acceptation du donataire. Mais si une loi nouvelle vient déclarer nulle une substitution valable sous l'empire de la loi, soit du décès du testateur, soit de l'époque de la donation, que faudra-t-il décider? Pour être conditionnel, le droit des appelés nés ou conçus n'en est pas moins un droit, un droit acquis comme le serait celui de toute personne propriétaire sous condition suspensive, par exemple celui des personnes au profit desquelles aurait été faite une institution contractuelle subordonnée à une condition de survie, ou bien encore celui du donateur qui a stipulé le droit de retour, lequel se trouve dans une position identique à celle d'un appelé à une substitution ; mais nous ne saurions accorder de droit acquis aux appelés qui ne sont encore ni nés ni conçus, ce serait, pour ainsi dire, accorder un droit acquis au néant; nous préférons donc, à cet égard, la théorie de la loi du 7 mai 1849 (art. 2 et 9) à la

théorie de la loi du 12 mai 1835 (art. 2 et 3).
Cette dernière loi avait, à notre avis, poussé trop
loin le respect du principe de non-rétroactivité.
M. Valette a donc eu raison de dire que la loi du
7 mai 1849 avait pour but « de donner aux inté-
« rêts démocratiques et au crédit public et
« privé une satisfaction légitime (Rapport au nom
« du comité de législation civile et criminelle,
« déposé dans la séance du 6 janvier 1849).......
« ..... tout en respectant des droits acquis, afin
« que personne ne puisse reprocher à la Répu-
« blique d'avoir commis de violences contre au-
« cune espèce de propriété. » (Séance du 23 avril
1849.)

2) Pour étudier les diverses questions qui nous
occupent en ce moment, M. de Savigny (1) traite
d'abord des règles relatives aux changements
qui peuvent survenir entre la confection du testament et la mort, non dans la législation, mais
dans les rapports du fait. Il y a, en effet, une
liaison intime entre les changements de fait et
les changements de droit. Nous sommes loin de
la nier, mais nous croyons cependant que le savant romaniste prussien a accordé à cette liaison
plus d'étendue et plus d'autorité qu'elle n'en
comportait.

Nous aurons, en matière de testament, à distinguer avec soin la jouissance du droit de tester
de son exercice, ce que nos anciens auteurs dé-

_____

(1) Ouvrage cité, § cccxciii.

signaient par capacité de droit et capacité de fait, ce que M. de Savigny appelle capacité personnelle du testateur touchant ses rapports de droit, et capacité personnelle du testateur relativement à ses qualifications physiques. Cette distinction est de la plus grande importance; aussi avons-nous peine à comprendre qu'il y ait à cet égard confusion complète dans l'excellent ouvrage de M. Demolombe (1). La capacité de droit doit exister à deux époques, celle du testament et celle de la mort; si elle manque à l'une ou à l'autre, le testament est nul : or, le défaut de capacité peut provenir précisément de ce que l'état du testateur n'est pas conforme à la loi en vigueur, soit à l'une, soit à l'autre de ces deux époques. Exemple : en droit romain, tous les citoyens et tous les *Latini* indépendants peuvent tester; les *peregrini* ne le peuvent pas. Un *Latinus* indépendant fait un testament; postérieurement une constitution impériale enlève la *testamenti factio* aux *Latini*; le testament dont il s'agit sera nul, parce que le testateur n'avait pas le droit de tester au moment de sa mort. En sens inverse, un *peregrinus* a fait un testament; postérieurement une constitution impériale accorde la *testamenti factio* aux *peregrini*; ce testament demeure nul parce que le testateur n'avait pas le droit de tester au moment de la confection du testament. La loi qui redonnerait le

---

(1) Cours de Code civil, n° 49.

droit de tester à celui qui l'avait au moment de
la confection du testament et qui l'a perdu inter-
médiairement par l'effet d'une loi, revaliderait-
elle ce testament? il faut répondre que oui : on
ne doit, en effet, s'attacher qu'à deux époques,
celle de la confection du testament, et celle où le
testateur a cessé de vivre. Dans tout ce que nous
venons de dire, il y a, tant en droit français qu'en
droit romain, conformité des règles relatives aux
changements de droit. Quant à l'exercice du droit
de tester, c'est-à-dire quant à la capacité de fait,
elle doit exister seulement à l'époque du testament, et celui qui, la possédant au moment de la
confection, viendrait à la perdre plus tard par un
changement de fait, n'en aurait pas moins valablement testé. Faut-il pousser ici l'analogie entre
les règles de changement de fait avec celles qui
concernent les changements de droit, jusqu'à dire
avec M. de Savigny que la capacité de fait est
exclusivement réglée par la loi en vigueur à l'é-
poque de la confection du testament, et qu'un testament fait sous l'empire de cette loi ne peut
être ni validé, ni annulé par une loi postérieure?
Nous déciderons avec lui qu'un testament fait par
un incapable ne sera pas validé par la survenance
d'une loi nouvelle qui le déclarerait capable de
tester ; et que, bien entendu, cet incapable d'autrefois pourra aujourd'hui faire un testament valable; son testament n'est pas validé, parce qu'on
ne doit pas supposer facilement chez le législateur l'intention d'exciter les particuliers à faire
des actes nuls, dans l'espérance qu'ils seront peut-

être validés par une loi postérieure. Mais nous ne saurions admettre qu'une loi nouvelle changeant les conditions de capacité ne soit pas applicable aux testaments faits sous l'empire de la loi ancienne et ne les annule pas ; le législateur fait toujours une loi nouvelle avec la conviction de sa supériorité sur l'ancienne ; cette loi nouvelle ne doit s'arrêter que devant des droits acquis. Quel droit acquis pourrait donc résulter du testament d'une personne vivante? Prenons un exemple : Le Code Napoléon permet de tester au mineur parvenu à l'âge de seize ans, et à la condition qu'il ne disposera que de la moitié des biens dont il pourrait disposer s'il était majeur (art. 904). Dans nos pays de droit écrit, il était au efois permis de tester à l'âge de puberté, douze ans pour les filles, quatorze ans pour les garçons ; le législateur trouve aujourd'hui qu'à l'âge de seize ans, et même plus, tant qu'on n'a pas atteint sa majorité, on n'a pas toute la maturité d'esprit nécessaire pour jouir de la plénitude du droit de tester. En supposant que le Code Napoléon eût immédiatement remplacé le droit romain sur ces matières, en pays de droit écrit, il eût fallu, selon M. de Savigny, déclarer valable, même après la promulgation du Code, le testament fait par une fille de treize ans par exemple, sous l'empire des principes de droit écrit, alors même qu'elle serait décédée avant d'avoir accompli sa seizième année. Ainsi, ce même législateur qui n'accorde pas la plénitude

du droit de tester au mineur de seize ans, parce
qu'il ne lui trouve pas la maturité d'esprit nécessaire, va faire exécuter le testament d'un enfant
de treize ans dans toutes ses dispositions : d'où
cette conclusion, que voilà un législateur qui
trouve qu'on a plus de maturité à treize ans qu'on
en a à seize. Pour nous, nous ne comprenons pas
de législation ordonnant l'exécution d'un testament émané d'une volonté qui ne lui semble pas
suffisamment éclaircie; l'analogie avec les règles
sur les changements de fait n'existe pas ici. Lorsqu'on déclare valable le testament fait par un
homme sain d'esprit au moment de la confection
du testament et devenu fou depuis, on ne commet
aucune espèce d'inconséquence ; à l'époque où
le pauvre insensé a exprimé sa *suprema voluntas*,
il était sain d'esprit. Lorsqu'il s'agit d'un changement de droit, au contraire, si vous appliquez la
loi de l'époque de la confection du testament,
vous déclarez valable un testament fait par une
personne qui se trouvait, à l'époque où elle l'a
fait, dans une situation d'esprit qui ne donnait pas
des garanties suffisantes de maturité ou de liberté
selon l'opinion du législateur actuel ; c'est donc
prêter au législateur une inconséquence que de
lui faire arracher des biens à une famille pour
les attribuer à des étrangers en vertu d'une volonté qu'il juge lui-même n'avoir pas été exprimée dans des conditions suffisantes de capacité
de fait.

, 3) L'héritier institué et le légataire devaient,

en droit romain, être capables à trois époques :
à l'époque du testament, à l'époque de la mort et
à celle de l'adition d'hérédité. S'il s'agissait d'une
institution conditionnelle ou d'un legs conditionnel, l'époque de la mort était remplacée par celle
de l'accomplissement de la condition; il suffisait
que cette capacité existât à ces trois époques, sans
qu'il fût nécessaire qu'elle eût été constante dans
le temps intermédiaire entre la première et la
seconde époque : « Medio autem tempore inter
« factum testamentum et mortem testatoris vel
« conditionem institutionis existentem et muta-
« tio juris non nocet heredi (1). » Il fallait, au
contraire, que la capacité qui nous occupe eût
continuellement existé entre la mort ou l'accomplissement de la condition et l'acquisition, parce
que l'incapacité survenue dans cette période
transmettait immédiatement l'hérédité à un tiers
soit institué en second ordre, soit héritier ab intestat, lequel ne pouvait plus en être dessaisi.
Et d'abord pourquoi le droit romain exigeait-il
la capacité de l'héritier institué ou du légataire
au moment de la confection du testament? Le droit
français n'a pas admis cette décision que rien ne
défend et qui n'est autre chose qu'une déviation
des principes; cette déviation s'explique histori-
quement par la nature primitive du testament
romain et non par la règle Catonienne qui ne s'appliquait pas aux institutions d'héritier (2). Donc

(1) Institutes, de hæredum qualitate, par. 4 (11-19).
(2) Loi III, ff., de regula Catoniana (xxxiv, 7).

cette règle que le légataire doit être capable au moment de la confection du testament ne repose que sur des motifs purement historiques qui n'existaient déjà plus au temps de Justinien, et qui aujourd'hui n'ont pour nous aucune valeur. Nous devons donc ici abandonner entièrement, ainsi que le reconnaît M. de Savigny lui-même (1), l'analogie de cette règle du droit romain, sur les changements de fait, pour nous en tenir à la nature véritable du testament. A ce point de vue, nous devons considérer la capacité personnelle de l'appelé comme partie intégrante du contenu du testament, et, dès lors, par les motifs ci-dessus indiqués (nº 1), comme réglée exclusivement par la loi en vigueur à l'époque de la mort du testateur, sans égard aucun à la loi en vigueur à l'époque de la confection du testament.

Mais que devrait-on décider à l'égard d'une loi qui, après la mort du testateur, et avant que les héritiers institués ou légataires aient accepté ses diverses dispositions, chacun en ce qui le concerne, les déclare incapables de recevoir? Il faut se décider ici à l'aide de l'analogie des règles sur les changements de fait; il faut donc distinguer : ou la loi du temps où le testateur est décédé subordonnait, comme en droit romain, l'exécution de ses dernières dispositions à la continuation de la capacité des appelés jusqu'au moment de leur acceptation, ou, au contraire,

---

(1) Ouvrage cité, même paragraphe.

comme en droit français; elle se contentait de
leur capacité au moment même de son décès.
Au premier cas, ils n'avaient pas encore de droit
acquis, lorsque la nouvelle loi les a déclarés incapables, et, par conséquent elle s'appliquera ; au
second cas, au contraire, il y avait en leur faveur
un droit acquis ; donc les dispositions prises par
le défunt conserveront tout leur effet.

4) La loi nouvelle sur les formes du testament
n'est pas applicable aux testaments antérieurs
à sa promulgation. Nous le décidons ainsi, d'a-
bord parce que nous pensons que cette proposition est vraie, même d'une manière plus générale, ou, en d'autres termes, qu'on doit considérer
comme valable, quant à la forme, tout acte fait
suivant les formes exigées à l'époque où il a eu
lieu. « Quid enim antiquitas peccavit , dit Justi-
« nien (1), quod præsentis legis inscia , pristinam
« secura est observationem. » Nous ajouterons
que le testament est consommé quant à la forme,
qu'il en résulte immédiatement la manifestation
solennelle et probante des volontés du testateur,
laquelle doit être acquise par le fait même de la
confection du testament. On pourrait nous répondre cependant que l'application de la loi
nouvelle ne froisserait aucun droit acquis, puisque les légataires n'en ont absolument aucun.
Cela est vrai, mais rien ne nous prouve que le
législateur ait voulu imposer au testateur l'obli-

(1) Loi xxxix, in fine ; au Code, de testamentis.

gation de refaire son testament ; rien ne nous
prouve qu'il avait voulu par là indirectement priver beaucoup d'individus de la faculté de tester,
ce qui arriverait pour ceux qui mourraient avant
d'avoir eu le temps de refaire leur testament
conformément à la loi nouvelle, et pour ceux
qui se trouveraient en état d'interdiction au moment de la promulgation de la nouvelle loi.

Si nous supposons une loi se contentant de
formes moins strictes que la loi ancienne, et un
testament dont la forme insuffisante *ab initio* se
trouve plus tard en conformité avec la législation,
nous n'en devrons pas moins continuer à considérer le testament comme nul ; ne pas maintenir
ici la règle *tempus regit actum*, ce serait s'exposer
à sanctionner des dispositions en opposition directe avec la volonté réelle du défunt ; car rien
n'est plus incertain que les conjectures sur la
question de savoir s'il y a eu de sa part volonté
véritable et définitive.

5) Le cas qui va nous occuper n'a pas, dans la
pratique, une grande importance ; mais son examen peut nous servir à mieux fixer les principes. Supposons d'abord un testament fait sous
l'empire d'une législation qui n'accorde à personne le droit de tester, ce testament demeurera
nul, alors même qu'avant la mort du testateur
une loi nouvelle rétablirait les successions testa-
mentaires (voir nᵒˢ 2 et 4). Si nous supposons, au
contraire, que la succession testamentaire, per-
mise à l'époque où le testament a été fait, se

trouve, à l'époque de la mort, prohibée par une loi nouvelle, le testament devra être aussi déclaré nul. En effet, il est parfaitement évident que le législateur a voulu annuler le contenu entier du testament, et nous savons déjà que la validité de ce contenu se juge d'après la loi en vigueur au moment de la mort (n° 1). — Notre décision s'apprécie d'ailleurs par une raison encore plus péremptoire : la loi nouvelle porte ici en réalité, non sur l'acquisition d'un droit, mais bien sur l'existence d'une institution de droit, la succession testamentaire, et nous avons démontré, dans notre premier chapitre, que les lois de cette espèce régissent et les faits antérieurs et les faits à venir. Mais *quid*, si le testament avait été permis au moment de sa confection, l'était encore au moment de la mort du testateur, mais avait été prohibé dans l'intervalle par une loi passagère? Nous inclinons ici à suivre l'analogie de la règle du droit romain : « Media tempore non nocent, » et à déclarer le testament valable.

VI. *Loi concernant les contrats.*

Nous aurons, à cet égard, à examiner quatre questions : 1° Quelle loi doit régler les conditions essentielles à l'existence ou à la validité d'un contrat ? 2° Quelle loi doit en régler les formalités et le mode de preuve? 3° Quelle est la loi qui réglera les effets d'un contrat? et, à cet égard nous examinerons si nous devons admettre la célèbre distinction entre les effets et les suites du contrat. 4° Quelle loi devra régir la confirmation ou ratification tendant à réparer les vices d'un contrat annulable ?

1) Quelle est la loi applicable aux conditions essentielles à l'existence et à la validité des contrats? Un contrat a eu lieu; de deux choses l'une : ou il existe et est valable d'après la loi en vigueur à l'époque où les consentements des parties se sont rencontrés *in idem placitum;* ou, au contraire, il n'a pu prendre naissance, vu l'absence d'une condition essentielle, ou se trouve affecté d'une cause de nullité ou rescision, ou de résolution. Dans le premier cas, le lien de droit, *vinculum juris*, s'est formé comme conséquence immédiate du contrat; il y a eu droit acquis pour les parties d'en réclamer l'exécution. Dans le second cas, il y a eu immédiatement après la formation du contrat, ou de l'apparence de contrat, droit acquis pour les parties ou pour l'une d'elles de proposer la cause de nullité ou de demander la résolution si tel événement arrivait. La loi nouvelle est donc ici absolument inapplicable ; elle ne peut rien changer ni à l'une ni à l'autre de ces situations. Il en est de l'immutabilité ou de la mutabilité d'un contrat au moment de sa formation, comme de sa validité ou de sa nullité intrinsèques en ce même moment. Ainsi nul doute que, si, avant la promulgation du Code Napoléon, dont l'art. 1096 déclare essentiellement révocables les donations entre-vifs que se font les

époux pendant le mariage, un mari et une femme se sont fait une donation mutuelle qu'ils ont stipulée irrévocable sous l'empire d'une loi qui le permettait, ou que cette même loi reconnaissait pour telle, nul doute, disons-nous, que cette donation n'ait conservé son caractère d'irrévocabilité, malgré l'art. 1096 du Code Napoléon ; et, en sens inverse, nul doute que les parties ne conservent la faculté de modifier, changer, résilier un contrat, lorsqu'elles ont ainsi stipulé, la loi leur permettant ou lorsque la loi leur avait elle-même réservé ce droit. Par là se trouve résolue une question qui a intéressé tous les époux mariés, avant le Code Napoléon, sous l'empire de coutumes qui permettaient de remettre après la célébration du mariage le règlement de leurs conventions matrimoniales. Cette question consistait à savoir s'ils pouvaient user encore de cette faculté après la promulgation du Code, malgré l'art. 1394 ; on voit qu'il faut répondre par l'affirmative ; de même ceux qui s'étaient mariés sous l'empire de coutumes permettant d'apporter des changements au contrat de mariage, après la célébration, conservèrent le droit après la promulgation du Code, malgré l'art. 1395.

2) La seconde question se résoudra par un raisonnement semblable à celui que nous venons d'employer pour résoudre la première ; en effet, quant aux formalités et au mode de preuve, ou, en d'autres termes, quant aux formalités demandées, soit *ad solemnitatem*, soit *ad probationem*,

de deux choses l'une encore : ou, à son origine, le contrat a été revêtu de toutes les formes requises, soit pour exister, soit pour être prouvé, et alors il y a droit acquis; ou, au contraire, le contrat était nul pour vice de forme, ou n'était pas susceptible d'être prouvé sous l'empire de l'ancienne loi, et alors le droit a été de même acquis à l'une des parties d'opposer l'inexistence du contrat pour vice de forme exigée *ad solemnitatem*, ou de proposer l'insuffisance de la preuve, si ces mêmes formes n'étaient demandées qu'*ad probationem*. Donc la loi nouvelle est encore ici inapplicable, et l'on doit admettre la règle *tempus regit actum*. « Quid enim antiquitas peccavit, « dit Justinien, quæ præsentis legis inscia pris- « tinam secuta est observationem ? » Non-seulement, ainsi que le dit Justinien, on est à l'abri de tout reproche, lorsqu'on a revêtu les actes des formes exigées par la loi, au temps où les actes ont été faits; mais encore il faut remarquer avec Toullier (1) que les lois qui règlent ces matières ne se bornent pas à permettre : elles commandent; il y a obligation stricte de remplir les formalités que la loi prescrit : aussi celui qui les a suivies a-t-il fait non-seulement tout ce qu'il pouvait, mais encore ce qu'il devait. Il serait donc aussi inique qu'absurde de ne pas régler ces sortes de questions d'après la loi ancienne.

3) La loi nouvelle ne saurait régir les effets

---

(1) Le droit civil français, suivant l'ordre du Code, t. 1, n° 83.

des contrats. Les obligations qui résultent d'un contrat dérivent de la volonté des parties, de leur volonté expresse ou tacite, déclarée ou sous-entendue, mais toujours de leur volonté (art. 1101 à 1135). Il est donc évident qu'elles n'ont pas pu avoir la volonté de se soumettre à des obligations qu'aucune loi n'attachait au contrat, lors de sa confection, obligations qu'elles ne pouvaient prévoir, et auxquelles elles n'auraient peut-être pas consenti à se soumettre. En effet, si l'on applique aux contrats qui se forment sous l'empire d'une loi les conséquences que cette loi attache à ces contrats, c'est parce que les parties sont censées les avoir adoptées. Tels sont le caractère et le but de ces sortes de lois qui expliquent à l'avance les effets des contrats, leurs effets naturels et équitables, adoptés par les mœurs et l'usage. Ces lois sont purement facultatives et interprétatives ; encore une fois, ces lois n'ont de force obligatoire entre les parties contractantes que parce que celles-ci sont censées s'y être soumises ; et cette proposition est vraie, non-seulement en ce qui touche les effets actuels et immédiats ; mais encore en ce qui touche les effets éventuels et conditionnels qui, comme les autres, ont pour principe la commune intention des parties. La loi nouvelle ne peut donc rien modifier dans les effets d'un contrat ; si elle les augmentait, elle aggraverait la position du débiteur ; si elle les diminuait, elle attenterait aux droits du créancier.

On a proposé à cet égard une distinction entre

les effets et les suites des contrats. Les effets seraient toujours régis par la loi en vigueur à l'époque du contrat; les suites, au contraire, par la loi nouvelle. Cette distinction est adoptée par les jurisconsultes les plus célèbres, Merlin, Meyer, et M. Blondeau, qui semble être le père de cette théorie : ce que M. Blondeau appelle *effets* et *suites*, M. Meyer (1) l'appelle *suites immédiates et nécessaires*, et *suites ou conséquences accidentelles ou éloignées*.

Sur le point de départ ces auteurs sont d'accord ; mais ils cessent de l'être dès qu'il faut dire en quoi l'effet diffère de la suite, et encore plus lorsqu'il faut faire à des espèces l'application de leur théorie. Il est, en effet, très difficile de bien préciser la différence entre l'effet et la suite. Meyer et M. Blondeau (mais Meyer surtout) ont été entraînés par cette théorie à ranger parmi les suites des contrats certains effets des plus directs. M. Blondeau, en publiant de nouveau dans *la Thémis* sa dissertation, a reconnu la justesse des observations que Merlin lui avait adressées à cet égard. Il y a lieu de se défier de cette distinction si délicate et représentée par des termes presque synonymes, quand on voit que, sur plusieurs questions importantes, elle a entraîné dans l'erreur un jurisconsulte du talent de M. Blondeau.

Nous considérons, quant à nous, cette théorie comme pleine de dangers, et la limite entre les

(1) Principes sur les questions transitoires, page 36.

effets et les suites nous semble à peu près impossible à trouver. Il n'y aurait plus aucune sécurité
dans les transactions, avec une pareille théorie :
car, avec son aide, on appliquerait la loi nouvelle
aux contrats antérieurs, bien souvent ; bien souvent on viendrait ainsi changer et aggraver la
position des parties contractantes. S'il nous fallait
adopter cette différence théorique entre les effets
et les suites des contrats, nous en trouverions
l'expression la plus exacte dans ces paroles de
Merlin (1) : « que l'on doit considérer comme suite
« et non comme effet ce qui arrive à l'occasion
« du contrat, mais n'a pas une cause inhérente au
« contrat même. » Mais nous préférons rejeter entièrement cette théorie (2), et professer que tous
les effets d'un contrat doivent être régis par la loi
en vigueur à l'époque où il a été fait, sans aucune
distinction entre les effets actuels et immédiats
et les conséquences, quelque éloignées qu'elles
puissent être, de ce contrat.

Nous admettrons cependant quelques modifications à ce principe ; c'est ainsi que, quoique les
droits soit actuels, soit éventuels, qui résultent
des contrats, soient hors de l'atteinte de la loi
postérieure, cette loi n'en peut pas moins, pour
l'avenir, en subordonner la conservation et l'exercice à l'accomplissement de telles formalités et
diligences qu'il lui plaît, pourvu, toutefois, que

---

(1) Rép. de jur., v° Effet rétroactif, sect. III, § 3, art. 4.
(2) M. de Savigny en fait autant dans son ouvrage, § cccxcii.

l'accomplissement de ces formalités dépende entièrement de la volonté de celui auquel on l'impose ; qu'il puisse les remplir quelle que soit sa
position de fortune, gênée ou brillante ; qu'en un
mot l'inaccomplissement de ces formalités ne
puisse être imputé qu'à l'incurie de ceux qui sont
chargés de les remplir. Ici, en effet, l'atteinte aux
droits acquis est bien légère, puisqu'elle consiste
seulement dans l'obligation pour ceux à qui ces
droits appartiennent de remplir une formalité
facile, n'entraînant avec elle aucun inconvénient.
Prenons des exemples. La loi ne peut pas, en ré-
duisant aujourd'hui le taux de l'intérêt conven-
tionnel de l'argent, empêcher que l'intérêt plus
élevé qui a été précédemment stipulé sous une loi
qui l'autorisait, ne continue d'être exigible; mais
elle peut dire au créancier : « Tu te feras désormais payer ces intérêts dans tel délai, et, faute
par toi d'avoir fait les diligences nécessaires dans
ce délai, les intérêts seront prescrits ; » et voilà
pourquoi il faut admettre que l'art. 2277 du Code
Napoléon, qui assujettit les intérêts à la prescription quinquennale, est applicable aux intérêts qui
sont échus postérieurement à la promulgation du
Code, bien qu'ils aient été stipulés antérieurement
dans des pays où, à l'époque de la stipulation,
ils n'étaient prescriptibles que par trente ans.

Nous admettrons, comme seconde modification
de notre principe, l'application de toute loi nouvelle qui prononcerait une peine en se fondant
sur un motif de morale, et qui, par la prononcia-

tion de cette peine, modifierait les effets d'un
contrat antérieur ; c'est ainsi que nous admettrions
l'application aux donations antérieurement faites
de la loi nouvelle qui aggraverait les dispositions
touchant la révocation pour cause d'ingratitude,
pourvu, bien entendu, que les faits sur lesquels
se fonderait la demande en révocation fussent,
ainsi que cela est de principe en matière pénale, postérieurs à la loi nouvelle. Ce sont là les
seules exceptions que nous croyons devoir admettre au principe que la loi de l'époque du contrat
doit seule être appliquée, lorsqu'il s'agit de régler
les conséquences de ce contrat. Les partisans de
la théorie de M. Blondeau citent divers exemples
de ce qu'ils appellent suites d'un contrat, qui, au
premier abord, sembleraient devoir faire admettre
leur distinction. Ainsi un bail est fait pour un
certain temps ; pendant toute sa durée, la loi en
vigueur au jour du contrat réglera les droits et
obligations réciproques des parties ; mais si le
premier reste en possession de l'objet loué à l'époque où son bail finit et sans opposition de la part
du bailleur, la loi existante à ce moment sera la
seule règle à consulter pour savoir s'il y a ou non
tacite reconduction. Ainsi encore un contrat de
société a lieu ; il sera, dans tous ses effets, réglé
par la loi de sa date ; cette société dissoute, on
procède au partage de son actif ; les effets de ce
partage et notamment l'obligation de garantie qui
résulte seront réglés par la loi nouvelle, sous
l'empire de laquelle le partage aura eu lieu.

Ces deux propositions sont assurément incon-

testables; mais nous ne voyons pas en quoi elles
gênent notre principe. Dans ces deux cas, en effet,
il ne s'agit nullement d'une conséquence ni directe, ni éloignée, du contrat primitif, mais d'un
nouveau contrat qui est le résultat non pas du
contrat primitif, mais seulement de certains rapports de fait que l'exécution de ce contrat primitif a créés entre les parties, lesquels rapports
de fait ont nécessité la nouvelle convention qui
tend à les régler; la seule différence entre les
deux cas est que, dans le premier, la convention
nouvelle est tacite et que, dans le second, elle
est expresse.

Les principes que nous venons d'exposer se ré-
sument facilement : tous les effets d'un contrat,
toutes ses conséquences, quelque éloignés qu'ils
puissent être, sont réglés par la loi de l'époque
du contrat. Voilà le principe.

Première exception. On appliquera néanmoins
une loi nouvelle qui, se basant sur des motifs de
morale, prononcerait une peine.

Deuxième exception. La loi nouvelle s'applique
aussi lorsqu'elle se borne à exiger, pour la conservation d'un droit, une formalité dont l'inaccomplissement ne puisse être imputé qu'à l'incurie
du titulaire de ce droit.

L'exposition de ces principes nous dispense de
discuter la longue série de questions qui se présentent à ce sujet. Elles sont fort nombreuses, on
peut s'en convaincre en parcourant le savant
travail de Merlin, où elles sont toutes traitées (1),

_____

(1) Rép. de jurisp., v° **Effet rétroactif**, sect. III, art. 3 et 4.

et leur examen dépasserait les limites que nous nous sommes fixées ; nous nous bornerons donc à faire remarquer que toutes ces questions se trouvent résolues par les principes que nous avons adoptés, et que, dès lors, à l'aide de ce que nous avons dit, il est très facile de voir, sur chaque question, quelle est l'opinion que nous admettons.

Nous examinerons, cependant, une question célèbre et la plus controversable de toutes peut-être, celle de savoir si l'art. 1912 du Code Napoléon est applicable aux rentes constituées avant le Code Napoléon, lorsque c'est depuis la promulgation de ce Code que le débiteur a cessé, pendant deux ans, d'en servir les arrérages. Pour soutenir que cet article est applicable, on dit d'abord qu'il s'agit ici d'une loi nouvelle ayant pour but d'infliger une peine « qu'elle juge né-« cessaire au maintien de ses dispositions (1). » Nous répondrons, nous qui partageons l'opinion adverse, qu'il ne s'agit ici ni de peine, ni du maintien des dispositions de la loi ; il ne s'agit pas d'une peine, car il n'y a pas de principe de morale qui intervienne ici ; il ne s'agit donc pas ici d'une peine de droit public, d'une peine dans le vrai sens du mot ; il ne s'agit pas non plus du maintien des dispositions de la loi, car lorsque cette peine est appliquée, c'est, au contraire, pour le maintien du contrat, et pour en assurer l'exécution,

---

(1) Cass., 25 novembre 1839 ; Car. et de Villen., 1840, t. I, p. 252.

7

qu'elle est continuellement suspendue comme une
menace sur la tête du débiteur. Il ne s'agit ici que
d'une pure question d'interprétation d'un contrat
privé : les parties qui traitent sous l'empire de
l'art. 1912 sont réputées s'y référer et l'adopter.
Voilà le seul principe et l'unique source de sa
force obligatoire pour les contrats passés depuis
le Code Napoléon. Or, il est certain que les parties qui traitaient avant le Code, sous une loi différente, n'ont pas voulu se soumettre à l'art. 1912,
qu'elles ne connaissaient pas, donc, il ne saurait
leur être appliqué. Cela est si vrai que nos adversaires et la cour de cassation elle-même, dans
l'arrêt précité, reconnaissent que l'art. 1912 ne
serait pas applicable si le contrat antérieur ren-
fermait quelque disposition expresse sur les conséquences du défaut de paiement des arrérages.
Cette concession inévitable ruine de fond en
comble le système opposé; car les stipulations
tacites et virtuelles que contient un contrat ont
autant de force et d'effet que les stipulations
expresses : « Eadem vis taciti atque expressi, »
adage que l'art. 1135 du Code Napoléon traduit
ainsi : « Les conventions obligent non-seulement
« à ce qui est exprimé, mais encore à toutes les
« suites que l'équité, l'usage ou la loi donnent à
« l'obligation d'après sa nature. » Mais, répond-
on, le défaut de paiement des arrérages n'était
prévu par aucune disposition de la législation
ancienne. D'abord on pourrait répondre que cette
proposition est trop générale, puisque l'art. 149

de l'ordonnance de 1629, observé dans le ressort de quelques parlements, défendait « de contraindre « les débiteurs au rachat de rentes constituées, « sinon en cas de stellionat; » mais, en outre, à défaut de législation expresse, il y avait, dans la législation ancienne, les principes du droit commun, et de deux choses l'une : ou bien le créancier ne pouvait pas même, dans ce cas, exiger le remboursement du capital, à raison de la nature particulière du contrat de constitution de rente « pour la validité duquel, dit Pothier (1), « il est nécessaire qu'il ne puisse jamais s'exi- ger; » ou bien, si le créancier pouvait exiger son remboursement, c'était en l'absence de disposi- tions spéciales, par application seulement du principe général commun à tous les contrats sy- nallagmatiques et reproduit dans l'art. 1134 du Code Napoléon, en vertu duquel principe la ré- solution peut être prononcée en justice contre la partie qui ne remplit pas ses engagements; mais dans ce cas, aucun terme fatal n'était nécessaire- ment fixé, et les juges pouvaient accorder un délai au débiteur. Eh bien! n'est-il pas évident que, dans l'une comme dans l'autre de ces hypo- thèses, l'application de l'art. 1912 à un contrat antérieur serait rétroactive? Dans le premier cas, en effet, le contrat n'était pas du tout réso- luble; dans le second, il n'était affecté que d'une condition résolutoire, tacite et facultative. L'ap-

---

(1) Du contrat de constitution de rente, n° 43.

plication de l'art. 1912 modifierait ce contrat en
ses conditions constitutives; elle le rendrait conditionnel, de pur et simple qu'il était; elle y in-
troduirait, après coup, une condition résolutoire
expresse et inexorable, dont l'effet, après les deux
ans expirés, ne pourrait pas même être empêché
par le paiement intégral de tous les arrérages.
Supposons qu'une loi nouvelle vienne étendre
l'application de l'art. 1912 aux rentes viagères en
abrogeant l'art. 1978, on ne soutiendrait pas que
cette loi serait applicable à un contrat de rente
viagère constitué sous l'empire du droit actuel,
lors même que le défaut de paiement serait un
fait postérieur à la nouvelle loi; cette hypothèse
n'est-elle pas semblable à la nôtre? On dit encore, pour soutenir l'opinion adverse, que l'article 1912 ne fait qu'imposer des diligences dont
l'inaccomplissement est imputable aux débiteurs;
nous serions d'accord sur ce point s'il ne s'agissait, pour le débiteur, que d'une simple formalité, comme d'une inscription à prendre, d'un
inventaire à faire dresser, d'une demande en
justice à former; mais ici il s'agit d'un fait qui
n'est pas purement volontaire : on ne paie pas
sans argent, et l'on n'a pas toujours de l'argent.
La jurisprudence de la Cour de cassation, sur
cette question, doit donc être rejetée, et rejetée
comme très dangereuse. Il n'y aurait plus aucune
sécurité dans les transactions si une loi nouvelle
pouvait ainsi venir après coup aggraver la position des parties contractantes. M. Blondeau le re-

connaît lui-même : « Si l'on venait, dit-il, à chan-
« ger arbitrairement les effets des conventions,
« il est évident que la faculté de contracter ne
« pourrait plus être considérée que comme un
« piége ; la carrière des spéculations serait fer-
« mée, et toute industrie serait bientôt éteinte.
« Quel motif, cependant, peut-on alléguer pour
« justifier de si graves inconvénients ? Aucun. »
Ce sont là, certainement, des paroles pleines de
sens et de raison et dont nous nous armons pour
combattre la Cour de cassation et la théorie de la
distinction des effets et des suites des contrats.

4) Quelle loi devra régir, soit quant à la forme
intrinsèque ou extrinsèque, soit quant à ses effets,
la confirmation ou ratification qui a pour objet
de réparer les vices du contrat ? Est-ce la loi du
temps où le contrat s'est passé ? Est-ce la loi du
temps où s'est faite la confirmation ou ratification ? Nous savons déjà que lorsqu'il s'agit de décider si un contrat est ou non rescindable, c'est la
loi de l'époque de sa confection qui doit être seule
consultée. Cette question une fois décidée, et lorsqu'il s'agira de réparer les vices d'un contrat rescindable, il ne faudra considérer, au contraire,
que la loi du temps de la ratification. Merlin (1)
adopte cette opinion et en donne pour raison
que le contrat rescindable n'est que l'occasion de
la ratification, qui en est une suite et non un effet.
Ce n'est pas ce motif qui nous a décidé. La ratifi-

---

(1) Rép. de jur., v° Effet rétroactif, sect. III, § 3, art. 7.

cation n'est en rien une conséquence du contrat primitif; elle dépend absolument et complétement de la volonté de la partie à qui appartient l'action en rescision : les vices du premier contrat seront purgés, non en vertu de ce contrat lui-même, mais en vertu de la ratification, c'est-à-dire d'un consentement donné postérieurement par la partie qui ratifie. C'est donc une nouvelle manifestation de volonté complétement indépendante du contrat primitif.

N. B. — Nous ne nous sommes occupé jusqu'ici que des obligations résultant des contrats : il nous reste à faire observer que les engagements que produisent les quasi-contrats, les délits et quasi-délits accomplis avant la promulgation d'une loi nouvelle, ainsi que ceux qui résultent de la loi elle-même, ne constituent pas moins des droits acquis pour ceux envers lesquels ils sont formés que s'ils dérivaient de contrats, et que, dès lors, ils sont également hors de l'atteinte des lois postérieures. Il en sera ainsi non-seulement en ce qui touche les droits et obligations dont le fait passé aura été la cause efficiente, mais encore en ce qui touche l'admissibilité ou la non-admissibilité de la preuve; c'est par application de ce principe que nous avons déjà décidé (I. Lois sur l'état et la capacité des personnes) que l'étendue des obligations réciproques du tuteur et du pupille doivent être réglées par la loi en vigueur lors de la délation de la tutelle.

VII. *Lois sur les hypothèques.*

Il ne saurait être douteux, après tout ce que nous avons dit, qu'une loi nouvelle qui modifierait les conditions de validité des hypothèques ne pourrait pas être appliquée à une hypothèque antérieurement consentie ou antérieurement née en vertu de la loi. Cette loi nouvelle pourrait, bien entendu, ainsi que l'avait fait la loi du 11 brumaire an III, imposer elle-même aux créanciers la nécessité de remplir une certaine formalité, par exemple de prendre inscription dans tel délai; cette disposition transitoire n'aurait évidemment rien d'inique, tandis qu'il y aurait une iniquité flagrante dans une modification rétroactive du droit même du créancier hypothécaire (art. 2185, dernier alinéa). Citons un exemple : L'art. 2135 du Code Napoléon ne donne pas une seule et unique date à l'hypothèque légale de la femme mariée, et spécialement son hypothèque pour garantie de l'indemnité des dettes qu'elle a contractées avec son mari date du jour de l'obligation. Doit-on appliquer cette disposition de l'art. 2135 aux obligations contractées sous l'empire du Code par une femme mariée avant sa promulgation et sous l'empire d'une coutume qui lui accordait hypothèque pour toutes ses créances contre le mari, quelle qu'en fût l'origine, à partir du contrat de mariage?

Nous répondrons avec la cour de cassation (1) négativement. La femme, au moment où elle se mariait sous l'empire de l'ancienne coutume, a dû compter sur la garantie de l'hypothèque, telle qu'elle lui était alors assurée, et régler en conséquence ses conventions matrimoniales. En vain on oppose que l'obligation contractée par la femme est un fait postérieur au Code Napoléon et volontaire de sa part; nous répondrons que ce fait n'est lui-même que la réalisation de l'une des conséquences prévues et déterminées d'avance dans un contrat antérieur et irrévocable, et nous pourrions répondre en outre, selon la très judicieuse remarque de la cour de Paris (2), que précisément l'ancienne coutume ne considérait pas que l'hypothèque dépendît alors d'un acte purement potestatif de la part de la femme, à cause de l'influence du mari sous la puissance duquel cette femme se trouvait. Du reste, la même question se présente en ce qui touche les successions échues à la femme, et l'on voit que même dans l'opinion que nous combattons, il faudrait, pour ce cas, qui ne peut évidemment présenter de fait volontaire de la part de la femme, laisser à cette hypothèque le rang que lui accordait l'ancienne coutume. Cette distinction a été proposée, en effet, par Grenier (3). Quant à nous, les raisons

---

(1) 26 janvier 1836 ; Dalloz, 1836, t. 1, p. 98.
(2) 26 mars 1836 ; Carette et de Villeneuve, 1836, t. II, p. 809.
(3) Traité des hypothèques, t. I, p. 77.

que nous venons de donner, et principalement
celle que nous avons empruntée à la cour de
Paris, ne nous permettent pas de distinguer, et
nous adoptons, à cet égard, l'opinion de la cour
de cassation (1).

VIII. *Lois sur la prescription.*

Nous allons traiter cumulativement de deux
institutions différentes et qui sont mal à propos
réunies dans un seul titre du Code Napoléon et
répondent toutes deux au même nom : ces deux
institutions sont l'acquisition de la propriété et
de ses démembrements par une possession conti-
nuée pendant un certain temps et réunissant certains caractères, mode d'acquérir que les Romains
appelaient *usucapio* ou *longi temporis possessio*,
selon qu'il s'agissait des fonds italiques ou des
fonds provinciaux, et la prescription des actions.
Ces deux matières sont cependant intimement
liées l'une à l'autre; toutes deux, loin de résulter
d'un acte simple et momentané, proviennent, au
contraire, d'un certain état continué pendant un
certain laps de temps; la différence entre ces deux
institutions est que, pour la première, cet état est
un état d'activité soutenue, tandis que, pour la
seconde, c'est un état d'inaction permanente.
C'est la reconnaissance de cette liaison intime qui

---

(1) Voir, en ce sens, M. Troplong, Traité des hypothèques,
n° 630, et M. Demolombe, Cours de Code civil, t. 1, n° 60.

a conduit à la confusion que nous signalions en commençant, confusion d'idées bien distinctes cependant; mais cette liaison n'en est pas moins réelle, et c'est précisément en ce qui touche l'effet rétroactif qu'elle se montre avec le plus d'évidence.

Si une loi nouvelle vient modifier la théorie de l'usucapion ou de la prescription des actions en un point quelconque, les cas suivants peuvent se présenter. La loi nouvelle peut paraître avant le commencement de la prescription, et alors il n'y a évidemment aucun doute, cette loi nouvelle sera seule applicable; ou la loi nouvelle peut paraître après l'accomplissement de la prescription; elle survient alors lorsqu'il y a déjà droit acquis, soit pour le nouveau propriétaire, soit pour le débiteur libéré, et, dès lors, il ne peut ici être question que de la loi ancienne. Mais *quid* si la loi nouvelle paraît après le commencement et avant l'accomplissement de la prescription? C'est là le seul cas douteux, le seul qui doive nous occuper.

Sur cette question les opinions sont partagées. Le droit français possède à cet égard, dans le Code Napoléon, deux articles transitoires : l'art. 691, qui semble dire, *a contrario*, que la loi ancienne doit seule être appliquée et qu'il n'y a pas ici de droit acquis pour celui qui est en train de prescrire; et l'art. 2281, qui dit que « les prescrip-
« tions commencées à l'époque de la publication
« du présent titre (*Prescription*) seront réglées
« conformément aux lois anciennes, » et qui, dès

lors, semblerait admettre des droits acquis. En
effet, M. Demante (1) et M. Duranton (2) ne voient
dans l'art. 2281 qu'une disposition de principes
dictée par la nécessité de respecter les droits
acquis ; mais Merlin (3), M. Troplong (4), M. Demolombe (5), et enfin M. de Savigny (6), et, selon ce
qu'il nous apprend, presque toute l'école alle-
mande, professent qu'il n'y a pas de droit acquis
en faveur de celui qui est en train de prescrire, et
que, dès lors, l'art. 2281 n'est qu'une disposition
de faveur, et que, par conséquent, si cet article
n'eût pas existé, on aurait dû appliquer le titre
des prescriptions du Code Napoléon, même aux
prescriptions antérieurement commencées. Il faut
adopter cette dernière opinion et dire que durant
le cours de la prescription il n'y a pas de droit
acquis, il n'y a encore qu'une acquisition ou une
libération préparée : la loi nouvelle doit donc agir
immédiatement sur cet état de choses incomplet.
M. Duranton fonde son opinion sur ce que « les
« parties sont censées avoir traité en considéra-
« tion des chances d'extinction de la créance ou
« du droit. » Cette raison est fausse, car les lois
sur la prescription ne sont pas au nombre de ces
lois purement interprétatives qui n'ont de force

(1) Programme du cours de droit civil français, t. 111, n° 1156.
(2) Cours de droit français suivant le Code civil, t. 1, p. 46.
(3) Rép. de jur., t. XII, v° Prescription sur 1er, § 3.
(4) Traité de la prescription, t. 11, n° 1078.
(5) Cours de Code civil, t. 1, n°s 61, 62, 63.
(6) Ouvrage cité, § cccxci.

que par la volonté des parties elles-mêmes, qui
sont censées s'y être soumises; mais elles constituent, au contraire, des dispositions d'ordre
public auxquelles il n'est pas permis de déroger
d'avance, ainsi que nous l'apprend l'art. 2220.
Ainsi donc, théoriquement, les lois nouvelles devraient, dans tous les cas, être appliquées même
aux prescriptions antérieurement commencées.
L'art. 691, la disposition finale de l'art. 2281, ne
sont, du reste, que l'application de ce principe.
Seulement, il est bien entendu que le premier
paragraphe de l'art. 2281 a fait, par disposition
de faveur, une exception à ce principe.

Cette première partie de l'art. 2281 a donné lieu
à certaines décisions judiciaires que, mal à propos, M. Duranton cite en sa faveur, lorsqu'il n'y
a aucun argument à en tirer, puisqu'il s'agit, dans
les espèces, des arrêts cités par le savant professeur; et il ne peut, d'ailleurs, jamais être question
pour les tribunaux que d'une question de droit
positif et non d'une question de droit philosophique.

Ainsi la cour de cassation a jugé, par arrêt du
20 avril 1830 (1), qu'un billet à ordre, souscrit
et échu avant la publication du Code de commerce, c'est-à-dire dont la prescription était commencée avant cette époque, demeurait soumis à
l'ancienne prescription de trente ans et n'était pas
prescrit par cinq ans écoulés depuis le nouveau

(1) Dalloz, 1830, t. 1, p. 812.

Code (art. 189, C. com.) ; mais, d'autre part, il a toujours été jugé que les fermages, intérêts, arrérages, etc. , résultant d'un contrat fait antérieurement au Code Napoléon, seraient prescrits par trente ans, s'ils étaient échus avant le Code, et cinq ans s'ils étaient échus après (1), ce qui est parfaitement d'accord avec l'arrêt cité de la cour de cassation ; car dans l'un comme dans l'autre cas, il s'agit d'hypothèses « où la pres- « cription était déjà commencée, art. 2281. » On voit donc que ces décisions judiciaires ne fournissent aucun argument à M. Duranton ; bien plus, on peut s'en servir pour battre en brèche la base même de son raisonnement. En effet, il est de jurisprudence, comme nous l'avons dit, que les fermages et intérêts dérivant d'un contrat antérieur doivent être soumis à la prescription plus courte établie par la nouvelle loi, lorsqu'ils seront échus sous l'empire de cette nouvelle loi ; donc la jurisprudence ne trouve pas, comme M. Duranton, que ce contrat antérieur renferme, à cet égard, une stipulation contraire ; car, en raison, on ne voit pas de motif sérieux de différence entre les intérêts dérivant d'un même contrat, les uns échus avant, les autres échus depuis le Code, lorsqu'il s'est également écoulé pour les uns et pour les autres cinq ans depuis le Code. Pourquoi les uns ne seront-ils pas prescrits, tandis que les autres le seront ? Théoriquement, nous n'en voyons pas la

____

(1) Amiens, 21 décembre 1824; Dalloz. 1831, t. 11, p. 65.

raison ; tout ce que l'on peut répondre, c'est que l'art. 2281 l'a ainsi ordonné.

Nous allons maintenant examiner les divers cas qui peuvent se présenter dans cette matière, et les résoudre au point de vue du droit positif idéal, abstraction faite des dispositions de l'art. 1281.

1° Nous supposons d'abord une abolition complète ou une abolition pour certain cas déterminé de l'une de nos deux institutions. La loi nouvelle embrassera immédiatement tous les cas de prescription commencée, de sorte que toutes acquisitions et libérations deviendront impossibles à ce titre.

2° En sens inverse, supposons l'établissement d'une prescription jusqu'alors inconnue, l'institution nouvelle s'applique immédiatement à tous les rapports de droit réunissant les conditions qu'elle exige, et le délai se compte à partir de la promulgation de la loi nouvelle. Le droit romain nous offre un exemple remarquable de réalisation de cette hypothèse. Jusque dans le Bas-Empire, toutes les actions civiles et un grand nombre d'actions prétoriennes ne se prescrivaient pas ; elles étaient des *perpetuæ actiones* dans le sens rigoureux du mot ; l'empereur Théodose II décida que les actions perpétuelles s'éteindraient toutes par trente ans ; d'après ce que nous venons de dire, ces trente ans auraient dû commencer à courir seulement à partir de la publication de la constitution impériale ; mais l'empereur donna à la loi nouvelle qu'il introduisait une rétroactivité partielle, et décida que le temps antérieur serait compté, mais de telle sorte que le titulaire de l'action aurait toujours au moins dix ans pour l'exercer (1).

3. Si une espèce d'interruption est abolie, ou, réciproquement, si une nouvelle espèce d'interruption est établie, l'une ou l'autre disposition législative nouvelle s'applique immédiatement à toutes les prescriptions commencées.

4. La loi nouvelle qui prolonge le délai de la prescription s'applique immédiatement.

5. Supposons, au contraire, que la loi nouvelle abrége le délai de la prescription. En principe, celui qui est en train de prescrire doit avoir le choix de se soumettre à la loi ancienne ou à la loi nouvelle : lorsqu'il choisira la loi nouvelle, le délai commencera à courir à partir de la promulgation de cette loi. Cette faculté de choisir est justifiée : dans le premier cas, parce que la loi nouvelle n'a certainement pas voulu créer à l'adversaire une position plus favorable que ne le faisait l'ancienne loi ; dans le second, parce que celui qui prescrit ne doit pas être traité moins favorablement que celui qui commence à prescrire. Il y

---

(1) Cette constitution forme la loi unique, § 8, au Code Théodosien, de actionis cert. temp. (iv, 14), et la loi iii au Code Justiniani, de præscript. trig. ann. (vii, 39) ; seulement le Code de Justinien ne contient pas la disposition transitoire qui, depuis environ un siècle, avait perdu toute espèce d'utilité.

aurait, au contraire, rétroactivité inique, si on lui permettait de profiter du nouveau délai en y comprenant le temps déjà écoulé; car l'adversaire n'aurait pas, pour agir, tout le délai accordé soit par la loi ancienne, soit par la loi nouvelle ; il pourrait même arriver que, contre toute raison, l'action se trouvât prescrite à l'instant même où la loi serait rendue.

IX. *Lois pénales et lois sur la prescription de l'action publique et sur la prescription des peines.*

Nous avons déjà eu l'occasion de dire que le principe de la non-rétroactivité des lois était surtout important en matière pénale et que le législateur l'avait tellement senti, qu'il avait jugé à propos de répéter le principe de l'art. 2 du Code Napoléon dans l'art. 4 du Code pénal, ainsi conçu : « Nulle contravention, nul délit, nul crime, ne « peuvent être punis d'une peine qui n'était pas « prononcée par la loi avant qu'ils fussent com- « mis. » Mais nous avons eu aussi l'occasion de dire que les lois pénales favorables, c'est-à-dire prononçant des peines moins sévères, pouvaient retourner en arrière et s'appliquer aux prévenus de faits commis avant leur promulgation. Quelques écrivains ont pensé que c'était seulement par un mouvement d'humanité que l'on procédait ainsi dans l'application des lois pénales; cela n'est pas exact, et cette rétroactivité des lois favorables se défend par des raisons de droit : « Si

« la loi nouvelle, dit M. Blondeau (1), a prononcé
« des peines plus graves que la loi ancienne, elle
« ne l'a fait que pour prévenir plus sûrement les
« crimes ; elle ne peut influer sur les crimes
« précédemment commis : il suffit, pour qu'elle
« produise son effet, qu'elle atteigne tous ceux
« qui, par la suite, auront méprisé sa menace ;
« et si la loi nouvelle est plus douce que l'an-
« cienne, le législateur ayant jugé qu'une peine
« plus faible était suffisante pour prévenir les
« contraventions, le surcroît de peine ordonné
« par l'ancienne loi serait un mal qu'aucun avan-
« tage ne justifierait. » Citons encore MM. Chau-
veau-Adolphe et Faustin-Hélie (2) : « Lorsque
« le pouvoir social juge que les peines dont la
« loi est armée sont trop sévères, lorsqu'il pense
« que la conservation de l'ordre social n'est pas
« intéressée à les maintenir, lorsqu'il désarme,
« en un mot, il ne pourrait, sans une étrange in-
« conséquence, continuer à appliquer, même à
« des faits antérieurs à ces nouvelles prescrip-
« tions, mais non encore jugés, des peines qu'il
« proclame lui-même inutiles et trop rigou-
« reuses ; ce n'est donc pas une sorte de faveur,
« mais un strict principe de justice qui justifie
« cette exception ; car il serait d'une souveraine
« injustice d'appliquer des peines qu'à l'instant

---

(1) Dissertation insérée dans le tome 7 de la Thémis.
(2) Théorie du Code pénal, t. 1, p. 38.

8

« ce déclare surabondantes ou d'une sévérité
« excessive. »

Ce principe de la rétroactivité des lois pénales
favorables a été deux fois formulé par le législateur français ; nous le rencontrons d'abord dans
le dernier article du Code pénal de 1791 : « Pour
« tout fait antérieur à la publication du présent
« Code, si le fait est qualifié crime par les lois
« actuellement existantes, et qu'il ne le soit pas
« par le présent décret, ou si le fait est qualifié
« crime par le présent Code et qu'il ne le soit pas
« par les lois existantes, l'accusé sera acquitté,
« sauf à être correctionnellement puni, s'il y
« échoit. » Nous retrouvons ce principe formulé
avec énergie dans l'art. 6 du décret du 23 juillet
1810, relatif à la publication des Codes criminels.
Cet article est ainsi conçu : « Les cours et tribu-
« naux appliqueront aux crimes et délits les
« peines prononcées par les lois pénales exis-
« tantes au moment où ils ont été commis. Néan-
« moins, si la nature de la peine prononcée par
« le nouveau Code pénal était moins forte que
« celle prononcée par le Code actuel, les cours et
« tribunaux appliqueront les peines du nouveau
« Code. »

Ce principe n'a plus depuis été répété dans nos
lois ; mais il est tellement d'accord avec la raison qu'il est universellement reçu en doctrine et
en jurisprudence. Il nous reste à examiner certaines difficultés d'application de ce principe.
Nous ferons remarquer d'abord que ce n'est pas

toujours la durée des peines qu'il faudra considérer pour savoir quelle est la plus douce des
deux; il faudra beaucoup plutôt considérer la
nature des peines et ne considérer leur durée
que si les peines sont de même nature. Nous
allons donner un exemple : Le Code de 1791
(art. 7, 4ᵉ section, titre 1ᵉʳ, 2ᵉ partie) punissait
de la peine infamante de deux ans de détention
l'outrage fait à un fonctionnaire public dans
l'exercice de ses fonctions. Le Code pénal (art. 222
et suivants) n'a frappé le même fait que de la
peine de l'emprisonnement; mais il est des cas,
par exemple si l'outrage a été fait à l'audience
d'une cour ou d'un tribunal, où l'emprisonnement prononcé par la loi est de deux à cinq
ans; la cour de cassation a jugé avec raison,
par arrêt du 26 juillet 1811, que la peine
d'emprisonnement, quoique d'une durée facultative plus longue, devait seule être appliquée,
comme étant la plus douce, à un fait antérieur
au Code pénal; en effet, entre une peine correctionnelle et une peine infamante le choix ne saurait être douteux. La même cour eut à juger une
difficulté plus sérieuse qui s'était élevée au sujet
de l'application du Code pénal dans les États-
Romains. Antérieurement à la promulgation du
Code pénal, le Code de 1791 avait été publié
dans les États-Romains; or, il advint qu'un
meurtre commis sous les lois du pays se présenta
pour être jugé sous l'empire du Code pénal, de
telle sorte qu'il y eut conflit entre trois lois por-

tant trois peines différentes. Les lois en vigueur au moment de la perpétration portaient la mort ; le Code de 1791, qui avait été publié durant l'instruction, et qui, comme on le sait, n'admettait pas les peines perpétuelles, ne prononçait que vingt ans de fers ; enfin le Code pénal infligeait à ce crime la peine des travaux forcés à perpétuité (art. 304) ; la cour de cassation décida, par arrêt du 1er octobre 1813, qu'il suffisait que, dans l'intervalle du crime au jugement, il eût existé une nouvelle loi pénale plus douce que celles qui existaient soit au moment du délit, soit à l'époque du jugement, pour que cette nouvelle loi dût seule être appliquée ; en conséquence, l'accusé n'eut à subir que vingt ans de fers. La raison de cette décision est que la survenance, après la perpétration du crime et avant le jugement, d'une loi nouvelle prononçant une peine plus douce, dans notre espèce vingt ans de fers au lieu de la peine de mort, forme, en vertu même du principe que les lois pénales favorables rétroagissent, un droit acquis pour l'accusé, de sorte que, si une nouvelle loi survient encore avant le jugement et prononce une peine nouvelle, les mêmes principes étant applicables, elle rétroagira si cette peine est plus douce que celle prononcée par la loi intermédiaire ; mais elle ne devra pas être appliquée si cette peine est plus sévère.

On sait que la législation pénale a subi de nombreuses modifications en 1832 ; presque toutes ces modifications étaient dans le sens de la dou-

cour. A cette époque, notre principe fut universellement reconnu et appliqué. Il se présente cependant une question assez délicate : l'usurpation
sur la largeur des chemins publics était punie par
l'art. 40 de la loi des 28 septembre-6 octobre 1791
d'une amende qui ne pouvait être moindre de trois
livres ni excéder 24 livres, tandis que l'art. 479,
n° 11, du Code pénal révisé en 1832, prononce pour
le même fait une amende de 11 à 15 fr. Ainsi,
voici depuis la perpétration du délit une loi nouvelle qui abaisse le maximum de la peine applicable, mais qui en élève le minimum ; laquelle
des deux législations en présence devra-t-elle être
appliquée au prévenu ? M. Dalloz (1) a pensé qu'il
fallait combiner les deux lois en faveur du prévenu, de manière à lui conserver le minimum de
la loi abrogée, tout en le faisant jouir du maximum abaissé de la loi nouvelle. Un pareil système
ne saurait être admis. En effet, on conçoit qu'un
prévenu, lorsqu'il a commis un délit sous l'empire
d'une loi depuis abrogée, puisse réclamer le bénéfice de cette loi, si elle était moins rigoureuse
que la loi nouvelle ; on conçoit également qu'il
puisse profiter des dispositions de la loi nouvelle,
si elle est moins rigoureuse, et qu'il soit jugé après
sa promulgation. Mais quelle raison y aurait-il
de rendre sa position plus favorable que ne l'ont
fait l'une ou l'autre des deux législations ? Le principe est qu'on doit lui appliquer la plus douce,

---

(1) Recueil périodique, 1833, p. 162, 1re partie.

mais aucune raison n'existe pour lui accorder le privilége extraordinaire d'une loi mixte faite par les magistrats pour lui tout seul. Mais ce système rejeté, comment décider la question? Nous croyons que ce n'est ni par leur maximum, ni par leur minimum exclusivement que la comparaison des deux lois doit être faite, puisque, d'après les articles 463 et 483 du Code pénal, les peines ont un maximum purement nominal et sont presque indéfiniment réductibles. Comme nous l'avons dit plus haut, il est plus simple de prendre pour base du rapprochement la nature des deux peines, lorsqu'elle n'est pas identique dans les deux lois successives; ainsi, dans l'espèce, le maximum de l'amende avait été réduit; mais, de plus, le fait d'usurpation de chemin public, de délit correctionnel, était devenu une contravention de simple police, et c'est principalement sur cette considération qu'il faut s'appuyer pour décider que le Code pénal était seul applicable; aussi la question s'est-elle présentée devant la cour de cassation à l'état de question de compétence, et, par arrêt du 18 janvier 1833, la cour a décidé que le prévenu devait être renvoyé devant le tribunal de simple police, et, par là même, que c'était l'art. 479, n° 11, du Code pénal, qui devait lui être appliqué, sauf au juge à user du pouvoir de réduction que lui donne l'art. 483. Si, par hasard, la nature des deux peines était la même, par exemple, si à une loi prononçant une amende de 500 fr. à 1000 fr., une nouvelle loi substituait une amende de 1000 à 1500 fr., alors nous dirions que le choix devrait être laissé au prévenu ; mais nous ne saurions admettre, dans aucun cas, qu'il eût le droit d'exiger une combinaison des deux dispositions faite tout exprès pour lui.

L'art. 56 du Code pénal prononce aggravation de peine contre l'accusé déclaré coupable d'un crime qui, précédemment, avait déjà été condamné à une peine afflictive ou infamante, c'est-à-dire aussi pour un crime. Cette aggravation de peine doit-elle être appliquée par la cour, lorsque le fait qui a motivé la première condamnation à cessé, lors de la seconde poursuite, d'être classé parmi les crimes ? L'art. 1er de la loi du 23 floréal an X décidait que non ; cette loi ne plaçait en état de récidive que les accusés qui avaient été « repris de justice pour un crime qualifié tel par « les lois actuellement subsistantes. » De célèbres criminalistes (1) ont soutenu la première décision sous l'empire du Code pénal, en se fondant sur ce que ce Code n'avait voulu punir que la récidive des faits qui étaient crimes suivant ses dispositions et non suivant une loi qui n'est plus et dont le législateur a proclamé, en l'abrogeant, la sévérité, peut-être même l'iniquité. La cour de cassation a repoussé cette doctrine par arrêt du 19 août 1830 (2). La cour suprême a donc admis en principe que, lorsqu'il s'agit d'appliquer les

(1) Carnot, sur l'art. 56, no 9, et Legraverand, t. 2, p. 613.
(2) Rapporté dans le journal du droit criminel en 1830, p. 42

peines de la récidive, la criminalité du fait doit
être appréciée d'après les lois en vigueur à l'époque où le crime a été jugé et non d'après les lois
postérieures. Elle a donné pour motif de sa jurisprudence qu'il s'agit d'un fait irrévocablement
consommé auquel les qualifications ultérieures
doivent rester étrangères. Ce motif ne nous semble
pas du tout répondre à l'argument présenté plus
haut, et il n'en reste pas moins vrai que c'est
prêter à la loi une inconséquence que de lui faire
puiser une sévérité nouvelle dans un fait qu'elle
déclare en même temps ou peu dangereux ou
innocent. M. Dalloz (1) répond que si la loi abrogée était sévère, l'audace de celui qui l'avait
méprisée était plus grande. « Mais, répondent fort
« judicieusement MM. Chauveau Adolphe et Faus-
« tin-Hélie (2), la culpabilité se mesure sur la
« gravité intrinsèque du fait. La loi est impuis-
« sante pour modifier la valeur morale des ac-
« tions. La criminalité de l'auteur d'un délit de
« chasse sera toujours la même, soit que la peine
« soit correctionnelle ou infamante ; si le premier
« fait a été injustement élevé au rang de crime,
« la loi devrait peut-être un dédommagement au
« condamné, loin d'en faire un élément d'une
« peine nouvelle. » Cependant les auteurs que
nous venons de citer abandonnent trop facilement, selon nous, leur opinion en présence de la

---

(1) Jurisp. générale. t. 2, p. 814.
(2) Théorie du Code pénal, t. 1, p. 306.

nouvelle rédaction de l'art. 56. En effet, en 1832, aux mots *condamné pour crime*, on substitua les mots *condamné à une peine afflictive ou infamante.* « Ainsi, disent MM. Chauveau Adolphe et Faustin- « Hélie (1), à l'idée complexe d'un crime précé- « demment commis, la loi a substitué le fait ma- « tériel de telle peine encourue; elle ne consi- « dère pas si le fait qui a motivé cette peine ne « figure plus parmi les crimes; le fait de la peine « encourue n'en subsiste pas moins, et ce seul fait « suffit pour justifier l'aggravation. » Nous main- tiendrons, au contraire, notre décision en pré- sence même de la nouvelle rédaction de l'art. 56 du Code pénal. On tire de cette nouvelle rédaction un argument qui n'est pas en rapport avec le motif qui l'a dictée; les nouveaux principes admis dans le nouvel art. 463 faisaient qu'il pouvait arriver fort souvent qu'un accusé fût, pour crime, condamné à une peine correctionnelle ; le légis- lateur de 1832 a substitué, dans l'art. 56, aux mots *condamné pour crime*, les mots *condamné à une peine afflictive ou infamante*, pour ne pas appliquer l'aggravation de peines résultant de la récidive aux condamnés pour crime à une peine correctionnelle; donc, tous les condamnés pour crime ne doivent pas subir cette aggravation ; cela ne suffit pas; il faut en outre que la peine ait été afflictive ou infamante ; mais si cela ne suffit pas, il ne s'ensuit pas que ce ne soit pas nécessaire;

(3) Ouvrage cité, p. 305.

donc la question n'a pas changé de terrain, et les arguments par lesquels on soutenait autrefois notre opinion restent dans toute leur force.

Examinons maintenant quel serait l'effet d'une loi pénale moins rigoureuse que la loi actuelle sur les condamnations précédemment prononcées. Il est évident que cette condamnation forme, pour la société, une espèce de droit acquis auquel elle ne sera pas facilement censée avoir renoncé, ou, en d'autres termes, le législateur ne devra pas facilement être considéré comme ayant eu la volonté de porter la main sur des arrêts souverains ou des jugements passés en force de chose jugée. Donc, en principe général, il faudra admettre que ces condamnations subsistent et doivent être exécutées; il faudra l'admettre avec d'autant plus de facilité qu'il reste comme remède l'emploi du droit de grâce, dont, dans ce cas, le chef de l'État sera porté à user largement. Il est cependant des cas où il faudrait admettre que les condamnations ne subsistent plus et doivent cesser d'être exécutées, ce qui aura lieu toutes les fois qu'une loi nouvelle viendra supprimer un genre de peine ou la modifier profondément. En effet, le législateur n'abolit jamais un genre de peine ou ne vient le modifier profondément que par des motifs d'ordre public et de haute morale qui s'opposent à toute exécution postérieure de la peine supprimée ou modifiée. Ainsi, le Code pénal de 1791 supprime la peine du fouet, tant sous la custode qu'en public; le législateur prenait cette décision

parce que cette peine dépravait au lieu de corriger, et que, d'autre part, lorsqu'elle était appliquée publiquement, elle blessait la pudeur; aussi
cette peine ne fut-elle pas appliquée même à ceux
qui y avaient été condamnés antérieurement. Lors
de la révision du Code pénal en 1832, on supprima la peine de la marque ou de la flétrissure,
et la section du poing droit du parricide avant la
décapitation. La première de ces deux peines fut
supprimée parce que, comme anciennement le
fouet, elle dépravait au lieu de corriger et faisait
au condamné, après sa libération, une nécessité
de persévérer dans le crime; la seconde était supprimée parce qu'elle semblait au législateur être
un reste de barbarie; aussi, après la promulgation du nouveau texte du Code pénal, nul, parmi
ceux qui avaient été condamnés antérieurement,
ne fut flétri sur l'épaule par le bourreau, et aucun parricide n'eut le poing droit coupé avant
d'être décapité. En 1848, après la révolution de
février, le gouvernement provisoire supprima la
peine de l'exposition publique, laquelle n'a plus
été depuis appliquée, même à ceux contre qui elle
avait été antérieurement prononcée; enfin, le
gouvernement provisoire déclara que, dans sa
pensée, la peine de mort était abolie, même en
matière ordinaire, mais sauf ratification définitive de l'Assemblée nationale. Immédiatement le
ministre de la justice ordonna qu'il fût sursis à
toutes les exécutions à mort déjà prononcées. Il
est bien entendu que lorsqu'une peine est sup-

primée, si c'est une peine principale, il faut la
remplacer par la peine immédiatement inférieure.
Citons enfin, pour en finir avec cette question, un
exemple de loi pénale modifiant une peine déjà
prononcée. Cette question s'est présentée en 1832
à l'occasion de l'application de la surveillance
aux individus condamnés antérieurement à cette
loi. Un avis du conseil d'État du 7 novembre 1832
a décidé que le nouveau mode d'exécution de
cette peine s'appliquait à ces condamnés, en exceptant, toutefois, ceux qui réclameraient de jouir
du bénéfice de leur cautionnement.

Il ne nous reste plus qu'à traiter des variations
de législation en matière de prescription soit de
l'action soit de la peine. Nous croyons qu'en ce
qui touche la prescription de l'action publique,
il faudra appliquer toujours la théorie la plus
douce; ainsi, on appliquera la loi nouvelle si elle
est favorable, la loi ancienne si la loi nouvelle est
plus difficile à admettre la prescription. Nous allons donner un exemple : Aux termes des art. 9
et 10 du Code des délits et des peines du 3 brumaire an IV, la prescription de l'action était de
six ans en matière de crimes et de trois ans en
matière de délits; mais cette prescription ne
commençait à courir que du jour où le crime ou
le délit avait été connu et légalement constaté,
de telle sorte que très souvent on aurait pu poursuivre pour une infraction commise à une époque
excessivement reculée et qui n'aurait pas été
prescrite, parce que le point de départ aurait

manqué, l'infraction n'ayant jamais été légalement constatée. Le Code d'instruction criminelle
(art. 637 et 638) fixe la durée de l'action en matière criminelle à dix ans, en matière correctionnelle à trois ans, mais à compter du jour où le
crime ou le délit aura été commis. Supposons un
délit commis antérieurement au Code d'instruction
criminelle, poursuivi postérieurement à une
époque où il s'est écoulé déjà plus de trois ans
depuis sa perpétration; mais supposons aussi que
ce délit n'a jamais été légalement constaté. Si
nous appliquons le Code de brumaire, la prescription de ce délit n'a même pas commencé. Si
nous appliquons le Code d'instruction criminelle
(art. 638), elle est complétement acquise au prévenu: laquelle de ces deux lois faudra-t-il appliquer? Quant à la loi de brumaire, on ne pourrait
en soutenir l'application après la promulgation
du Code d'instruction criminelle, en se fondant sur
l'art. 2281 du Code Napoléon, qui, évidemment,
n'a été fait que pour les matières civiles. On a
dit : La prescription de trois ans commence à courir à partir du jour où le délit a été légalement
constaté avant le Code d'instruction criminelle, et,
s'il n'a pas été légalement constaté, à partir de la
promulgation de ce Code. Nous croyons au contraire que dans tous ces cas il faut appliquer
complétement la nouvelle législation puisqu'elle
est favorable; en effet, aux termes mêmes de
l'art. 6 du décret du 23 juillet 1810, relatif à la
publication du Code d'instruction criminelle et du

Code pénal, et, en outre, selon le principe généralement accepté, on doit appliquer la peine la plus douce ; or, dans notre espèce, le Code de brumaire, ne considérant pas le crime comme prescrit, le punit; le Code d'instruction criminelle, le considérant comme prescrit, ne prononce aucune peine; donc nous n'appliquerons que les principes développés plus haut et l'art. 6 du décret du 23 juillet 1810, en décidant que, dans notre espèce, le prévenu doit être absous. Il pourrait arriver, bien entendu, que l'on dût continuer, après la promulgation du Code d'instruction criminelle, à appliquer le Code de brumaire ; car il pourrait se faire que l'application de ce Code fût plus favorable à l'accusé. Exemple : Un crime a été commis sous l'empire du Code de brumaire et a été légalement constaté presque immédiatement. Au moment de la poursuite, il s'est écoulé six ans depuis cette constatation, et il ne s'est pas encore écoulé dix ans depuis la perpétration du crime. Quoique la poursuite soit postérieure à la promulgation du Code d'instruction criminelle, on appliquera le Code de brumaire.

Passons à la prescription des peines.

Il faut supposer une prescription non encore accomplie ; car il est bien entendu que la prescription accomplie serait à l'abri de toute loi postérieure. Nous croyons qu'en ce qui touche ce second genre de prescription, c'est la loi nouvelle qu'il faut toujours appliquer, parce que, d'une part, il n'y a pas encore de droit acquis au con-

damné, et, d'autre part, parce que la loi nouvelle
est toujours dictée par des motifs d'ordre public.
Aussi appliquerons-nous toujours la loi nouvelle,
soit qu'elle abrége, soit qu'elle augmente le délai
de la prescription, et alors même qu'elle abolirait complétement la prescription des peines.
Nous ne sommes pas en désaccord avec ce que
nous venons de dire sur la prescription de l'action. Dans ce premier cas, il s'agissait d'une peine
à appliquer; dans le second, la peine est déjà
appliquée, et le condamné, en se cachant, n'a
fait jusqu'ici que préparer sa libération; la société
est en droit d'exiger l'exécution de la peine; elle
peut donc n'y renoncer qu'aux conditions qu'il
lui semble bon de poser.

X. *Lois sur la procédure civile et l'instruction criminelle.*

Quand une loi de procédure est promulguée,
il est évident qu'elle prend les choses dans l'état
où elles sont; elle respecte les actes accomplis,
consommés jusqu'au jour de la promulgation;
mais pour la suite à donner à la procédure, il
faut s'attacher exclusivement à la loi nouvelle, et
la raison en est bien simple; elle est de nature
à frapper tous les esprits, même les plus étrangers aux notions juridiques. Qu'est-ce qu'une
loi de procédure? Ce n'est qu'un simple procédé
pour rechercher la vérité. Eh bien! si le législateur reconnaît que l'ancien procédé pour re-

chercher la vérité était défectueux, qu'il était de nature à induire le juge en erreur, au lieu de l'éclairer, et qu'il substitue à ce procédé, à cette manière de résoudre les problèmes juridiques, une autre manière, un autre procédé, incontestablement il ne serait pas raisonnable, il serait contraire à toutes les notions du bon sens de s'obstiner à se servir de l'instrument ancien, alors que l'on en aurait trouvé un que l'on croirait plus parfait, plus propre à arriver à la découverte de la vérité. Ce point semble admis par tout le monde.

A côté des lois de procédure viennent les lois de compétence. Ces lois de compétence se rattachent évidemment par un certain côté aux formes de procédure, et il semble que leur responsabilité est admise sans contestation en matière civile. Mais en matière pénale, la discussion est des plus vives.

Pour soutenir la rétroactivité des lois de compétence, on dit qu'il est évident que la question de savoir si un accusé sera jugé par telle juridiction plutôt que par telle autre, est une question qui se rapporte à la procédure, puisqu'elle tient à la manière de constater la culpabilité. C'est donc, sous cette face, sous ce rapport extrinsèque, une question de procédure : or, la procédure saisit les accusés au moment de la promulgation de la loi. L'opinion contraire est soutenue par MM. Chauveau Adolphe et Faustin-

Hélie (1). Nous ne pouvons mieux faire que de citer textuellement l'opinion de ces savants auteurs : « Est-il nécessaire de répéter le principe « général qui plane sur toute notre législation ? « La loi ne dispose que pour l'avenir ; elle n'a « pas d'effet rétroactif. Voilà la règle générale , « le droit commun. Toutes les lois , quelle que « soit leur nature, quel que soit leur but, sont « soumises à ce principe tutélaire ; si l'on y a in- « troduit une seule exception, c'est dans l'intérêt « des justiciables eux-mêmes ; c'est quand, sous- « traits à l'application de la loi nouvelle , ils en « réclament eux-mêmes le bienfait ; mais la non- « rétroactivité est leur droit ; dans tous les cas, « ils peuvent l'invoquer : qu'on révèle donc une « exception écrite quelque part à ce principe de « droit public ; qu'on produise le texte qui aurait « soustrait à son empire les lois de procédure et « de compétence ; jusque-là, le principe est gé- « néral et sévère : ces lois , comme les autres , « ne peuvent régir que les faits accomplis depuis « leur promulgation. Ensuite cette distinction du « fond du droit et de la forme de procéder est « peut-être admissible en matière civile ; mais « en matière criminelle, la forme constitue une « partie même du droit de l'accusé, car il y « puise sa défense ; et comment ne voir qu'une « question de forme dans l'introduction d'une « juridiction ou son établissement après coup ?

---

(1) Théorie du Code pénal, t. 1er, p. 42 et 43.
101   9

« Tout ce qui touche soit à la création, soit à
« l'ordre des juridictions, n'est-il pas fondamen-
« tal et sacré ? Les juges naturels de tout prévenu
« d'un crime ou d'un délit ne sont-ils pas ceux
« existant au jour de la consommation du fait ?
« Est-il donc indifférent, surtout si le délit est
« d'une nature politique, d'être jugé par des
« jurés ou des juges permanents, par une cour
« d'assises ou un conseil de guerre ? La règle de
« compétence, règle tutélaire, est que tout ci-
« toyen ne peut répondre de ses actes que devant
« un tribunal certain et connu à l'avance.

« Persister à ne voir dans cette garantie qu'une
« affaire de forme, ce serait méconnaître la force
« des choses et créer une fiction pour étayer une
« règle arbitraire ; car il peut même se trouver
« qu'il soit plus important pour les prévenus de
« conserver la garantie des juridictions exis-
« tant au temps du délit que l'application des
« peines en vigueur à la même époque. Qu'im-
« portait la peine au prévenu d'un délit de presse
« commis avant la promulgation de la loi du
« 25 mars 1822 ? Ce qui lui importait surtout,
« c'était d'être traduit en cour d'assises, devant
« les juges naturels ; c'était là son plus grand
« intérêt.

« Si le droit est évident, nous cherchons vai-
« nement des raisons plausibles de le restreindre ;
« la Cour de cassation s'est contentée d'établir
« en principe dans ses arrêts ce qui était à juger ;
« elle n'a énoncé aucun motif de solution. On

« doit espérer que cette grave difficulté ne se re-
« présentera pas ; mais si elle pouvait surgir en-
« core, on se rappellerait sans doute que la non-
« rétroactivité des lois est une de ces règles éter-
« nelles qui régissent la société et qu'il n'est
« jamais permis d'y déroger, à moins que ce ne
« soit dans l'intérêt et du consentement même
« de ceux qui frappent la loi nouvelle.

Contrairement à l'espérance manifestée par les
auteurs que nous venons de citer, la question
s'est représentée à l'occasion de l'attentat commis le 15 mai 1848 contre l'Assemblée nationale
constituante. Il s'agissait de savoir si on renver-
rait les accusés devant la haute cour nationale
qui venait d'être créée par la constitution du
4 novembre 1848, ou s'ils seraient jugés par la
cour d'assises, juridiction du droit commun. L'o-
pinion de MM. Chauveau Adolphe et Faustin-
Hélie fut soutenue à l'Assemblée constituante,
qui seule pouvait saisir la haute cour nationale,
par MM. Ledru-Rollin, Dupont de Bussac, Cré-
mieux et Jules Favre ; elle fut attaquée et le projet de loi soutenu par MM. Bonjean, Dupin aîné,
Rouher et Odilon Barrot. Le résultat fut l'adoption du projet de loi et le renvoi devant la haute
cour de justice ; les accusés présentèrent un dé-
clinatoire qui fut repoussé par arrêt du 7 mars
1849, dont voici les principaux motifs : « Attendu
« que les lois de procédure et de compétence, du
« moment où elles ont force d'exécution, régis-
« sent indistinctement les procès nés et les pro-

« cès à naître ; que l'instruction et le jugement
« des affaires tant civiles que criminelles se com-
« posant d'actes successifs, ceux de ces actes non
« consommés qui précèdent la décision définitive
« et en dernier ressort appartiennent à l'avenir
« et subissent, dès lors, l'empreinte des formes
« nouvelles auxquelles ils sont soumis ; qu'en ce
« qui concerne spécialement la juridiction, elle
« n'est qu'un mode d'exercice de la puissance
« publique ; que le législateur étant toujours le
« maître de modifier cet exercice suivant le be-
« soin du temps, restreindre aux procès non en-
« core existants l'effet des changements qu'il y
« apporte, ce serait entraver dans sa sphère
« d'action la souveraineté nationale qu'il repré-
« sente, consacrer l'inégalité là où un principe
« commun appelle une application commune, re-
« connaître des droits acquis contre les juridic-
« tions qui sont d'ordre public. »

Nous avons exposé avec soin les éléments de
la discussion, nous croyons avoir présenté par
nos citations à peu près tous les arguments de
part et d'autre. Quant à notre opinion, elle est
flottante, nous hésitons. Cependant nous nous dé-
ciderions plutôt pour l'application de la loi nouvelle, et l'argument qui nous touche le plus est
celui qui consiste à dire qu'il n'y a pas de droit
acquis contre les juridictions, parce qu'elles sont
d'ordre public ; en effet, si on reconnaissait ici
un droit acquis, il faudrait alors appliquer ce
principe d'une manière absolue, même lorsqu'il

s'agirait de la survenance d'une loi supprimant une juridiction, ce qui conduirait évidemment à une impossibilité; car ce ne serait pas chose rationnelle, chose praticable, que de conserver, en présence de la nouvelle juridiction, la juridiction ancienne pour juger les crimes commis antérieurement, et de la laisser ainsi subsister jusqu'à l'extrême limite de la prescription des actions en matière criminelle. Aussi, si nous adoptions l'opinion de MM. Chauvau Adolphe et Faustin-Hélie, ne le ferions-nous qu'en exceptant formellement de notre décision ce cas particulier.

XI. *Effets des lois nouvelles sur les jugements antérieurs.*

Nous avons, dans notre premier chapitre, établi que, lorsque le législateur a exprimé d'une manière formelle l'intention de rétroagir, cette loi rétroactive devait cependant respecter les droits résultant de jugements antérieurs. Nous avons prouvé la vérité de ce principe, nous en avons développé les conséquences. Si ce que nous venons de dire est vrai, même pour une loi rétroactive, à plus forte raison devrons-nous le dire lorsqu'il s'agira d'une loi non rétroactive. Nous n'avons donc qu'à ajouter quelques légères observations à ce qui a été dit supra. Nous ferons remarquer que le jugement une fois rendu sera acquis à la partie qui l'aura obtenu, et lui sera acquis tel quel; c'est-à-dire sans qu'une loi pos-

térieure puisse venir augmenter ou diminuer les
voies ordinaires ou extraordinaires d'attaquer ce
jugement. Ainsi, bien que l'art. 643 du Code de
commerce ait étendu aux jugements par défaut
rendus par les tribunaux de commerce la disposition de l'art. 156 du Code de procédure civile,
lequel déclare périmés les jugements par défaut
qui n'ont pas été exécutés dans les six mois de
leur prononciation, les jugements par défaut que
les tribunaux de commerce avaient rendus dans
l'intervalle de la publication du Code de procédure civile à celle du Code de commerce et qui
n'avaient pas été exécutés dans les six mois de
leur prononciation, n'ont pas laissé de conserver
toute leur efficacité. Les mêmes principes s'appliquent évidemment en matière criminelle.

XII. *Effet des lois nouvelles sur le mode d'exécution
des jugements, arrêts et actes authentiques.*

Les droits qui, au moment où paraît une loi,
sont acquis sur la matière qu'elle concerne, sont
quant au fond, indépendants des nouvelles règles
qu'elle établit, parce qu'ils appartiennent sous ce
rapport au passé. Mais, quant au mode de leur
exécution, ils appartiennent à l'avenir, et, par conséquent, c'est la loi nouvelle qui doit, à cet égard,
être prise pour guide. Ainsi, quoiqu'un contrat
ait été passé en forme authentique sous la coutume de Paris, qui ne permettait au créancier de
le mettre à exécution contre les héritiers du dé-

biteur qu'après l'avoir fait déclarer exécutoire
contre eux par un jugement, ce contrat n'en sera
pas moins susceptible d'exécution contre les héritiers eux-mêmes, huit jours après la signification qui leur en aura été faite (art. 877, Code Napoléon). Ce que nous venons de dire du mode
d'exécution des contrats constatés par acte authentique s'applique, bien entendu, au mode
d'exécution des jugements. Si, par hasard, une
loi nouvelle introduisait un mode nouveau d'exécution qui fût d'une rigueur extrême, comparé
aux modes d'exécution usités antérieurement, le
principe s'appliquerait encore; mais il est très pro-
bable qu'alors le législateur jugerait à propos
d'agir en sens contraire de la rétroactivité, en
restreignant l'empire que ces principes accordent
à la loi nouvelle. C'est ainsi que la loi du 24 ventôse an V, qui recréait la contrainte par corps,
excepta de son application les dettes contractées
sous l'empire des lois qui ne permettaient pas ce
mode d'exécution.

DEUXIÈME PARTIE.

De l'étendue de l'autorité des lois, quant au lieu, quant aux personnes et quant aux choses.

L'existence simultanée d'un grand nombre d'États souverains et indépendants, la diversité de leurs législations, créent la deuxième espèce de conflits dont nous avons à nous occuper ; elle se présentait fréquemment dans notre ancien droit, alors que le territoire français se divisait en pays de coutumes et pays de droit écrit, et que les pays de coutumes obéissaient à trois cents coutumes différentes. Les divers statuts, c'est-à-dire les lois qui régissaient les villes et les provinces, se trouvaient souvent aux prises, dans leurs dispositions soit à l'égard des personnes, soit à l'égard des biens. De là, l'une des théories les plus difficiles et les plus compliquées de notre ancienne jurisprudence. Aujourd'hui, grâce au bienfait d'une législation uniforme, ce genre de collision ne peut plus avoir lieu qu'entre les lois françaises et les lois étrangères ; mais il est vrai de dire que, sous ce rapport, les progrès de la civilisation générale ont créé entre les citoyens des diverses nations des rapports plus fréquents, des relations bien plus suivies, de telle sorte que, si le sujet qui nous occupe présente aujourd'hui moins de difficultés que dans notre ancienne jurisprudence, il a plus d'importance et d'intérêt. Les principes anciennement reçus de province à province nous seront d'un grand secours; toutefois ils ne devront être appliqués qu'avec discernement à une situation qui est loin d'être la même. Les provinces d'autrefois, quoique régies par des coutumes différentes, dépendaient toutes de la même souveraineté, tandis qu'aujourd'hui le conflit se présentera entre la loi française et la loi étrangère, et les questions pourront se compliquer par suite des différences de nationalité et de gouvernement, par suite encore de susceptibilités en matière de souveraineté.

Nous suivrons, dans l'examen de cette seconde partie de notre sujet, la marche que nous indique l'art. 3 du Code Napoléon, qui forme le siége de notre matière. Le premier alinéa de cet article est ainsi conçu : « Les lois de police et de sûreté obligent tous ceux qui habitent le territoire. Nous avons d'abord à nous demander quels sont les caractères distinctifs des lois de police et de sûreté. Sous ce mot lois, il faudra comprendre non-seulement les lois proprement dites, mais encore les ordonnances, réglements ou arrêtés rendus par les autorités compétentes, par exemple, par les préfets ou les maires dans les limites de leurs attributions. Le caractère de ces lois est d'ordinaire facile à reconnaître; elles ont pour but de

veiller à la sûreté intérieure ou extérieure de
l'État, à la sûreté des personnes et des propriétés,
au maintien du bon ordre et au respect des
bonnes mœurs, à la salubrité publique et aux
autres besoins généraux secondaires; elles ré-
priment les crimes, les délits et les contraventions.
Ainsi entendu, le premier alinéa de notre article
ne s'appliquerait qu'aux lois pénales. Nous croyons
qu'il faut l'entendre dans un sens plus vaste et
qu'il faut faire rentrer dans cette expression, lois
de police et de sûreté, toute règle obligatoire
concernant l'ordre public. C'est ainsi qu'un tribunal français, tout en reconnaissant son incom-
pétence pour prononcer la séparation de corps
entre deux époux étrangers, peut cependant pour-
voir à la sûreté personnelle de l'époux le plus
faible, en autorisant la femme à quitter le domicile conjugal et à se retirer dans un lieu déterminé. Cela a été ainsi décidé par la cour de cassation, le 27 novembre 1822, et par la cour de
Paris, le 26 avril 1823 (1). Cette décision suppose
résolue affirmativement la question de savoir si le
mari étranger peut, en France, obliger sa femme
à réintégrer le domicile conjugal, et cette solution
affirmative devait, en effet, être admise, parce
que l'art. 114 du Code Napoléon a un but de
moralité et d'ordre public, et se trouve, par
conséquent, compris dans le sens large que nous
donnons à ces expressions, lois de police et de

(1) Dalloz, rec. Alph., t. 6, p. 468.

sûreté. C'est ainsi encore que, par arrêt du 19 décembre 1833 (1), la cour de Paris a décidé que le mari étranger pouvait être forcé, même en France, de fournir des aliments à sa femme, et cet arrêt donne pour motif de décision l'intérêt de l'ordre public.

Les lois de police et de sûreté, dans le sens large de ce mot, obligent tous ceux qui habitent le territoire français; il ne saurait en être autrement. En effet, avec le principe contraire, il n'y aurait ni police ni ordre possibles. Cette raison n'est pas, du reste, la seule. Les devoirs de l'humanité, le maintien même de l'ordre public chez nous, c'est-à-dire notre propre intérêt, nous commandent de protéger l'étranger qui habite notre territoire dans sa personne, son honneur et sa propriété. C'est là, du reste, un principe du droit des gens universellement suivi chez toutes les nations. L'étranger qu'obligent nos lois de police et de sûreté est donc protégé par elles; il en profite, il peut les invoquer; la réciprocité qu'on lui impose est donc parfaitement équitable.

En ce qui touche les lois qui nous occupent, le principe général sur l'étendue de leur empire est donc la territorialité. Ce principe énoncé, il nous reste à examiner quelles sont les exceptions qu'il comporte. Elles peuvent être de deux sortes : des faits coupables commis en France peuvent,

---

(1 Dalloz, 1834, t. 2, p. 65.

par exception, échapper à la loi française, et, en
sens inverse, des faits coupables commis en pays
étranger peuvent tomber sous l'application de
nos lois, et ceux qui les ont commis peuvent être
soumis à la compétence de nos tribunaux. Il fut
positivement reconnu, dans le sein du conseil
d'État, lors de la discussion de l'art. 3, que son
premier paragraphe ne s'appliquait pas aux am-
bassadeurs des puissances étrangères, ni à leur
famille, ni aux gens de leur suite. On proposa
même une disposition exceptionnelle. Portalis fit
remarquer, dans la séance du 23 frimaire an X,
que ce sujet était réglé par le droit des gens et
les traités, et que, d'ailleurs, il existait à cet égard
un loi du 13 ventôse an II ; cette observation fit
rejeter la disposition exceptionnelle. Du reste, la
loi du 13 ventôse an II n'a pas été abrogée par
l'art. 7 de la loi du 30 ventôse an XII, puisqu'elle
traite de matières de droit international et non
de matières du droit privé. L'étranger nouvelle-
ment arrivé en France pourrait-il invoquer
comme excuse son ignorance, non pas, bien entendu, de ces lois répressives qui punissent le
meurtre, le viol, l'escroquerie, le vol et autres
méfaits condamnés par la conscience de tous les
hommes, punis par les lois de tous les pays civilisés, mais du moins son ignorance de ces règlements de police locaux et arbitraires que nul ne
peut deviner? A première vue, l'affirmation paraît équitable : il s'agit d'appliquer une peine, et
une peine semblerait ne devoir frapper qu'un

fait intentionnel, et non un fait purement maté-
riel; il s'agit d'un fait que la conscience ne ré-
prouve que lorsque celui qui le commet sait
qu'il viole la loi du pays où il se trouve. Dans
notre ancien droit, on le pensait ainsi, et on accordait aux étrangers, pour se mettre au courant
des règlements locaux, un certain délai laissé à
l'appréciation du juge. Cette doctrine doit-elle
encore être suivie aujourd'hui? Il faut décider
que non : les textes de loi ne font, à cet égard,
aucune distinction, et l'intérêt général s'oppose à
l'admission d'une pareille théorie. On n'en fini-
rait pas, en effet, avec les questions d'ignorance
et de bonne foi personnelles en matière de police.
C'est par suite de ce motif que le fait seul de la
contravention est puni, sans que la question d'intention puisse même être soulevée, dans les matières de douane, de contribution indirecte,
d'enregistrement, ainsi qu'en matière de contravention de presse. D'ailleurs, si on excuse l'étranger parce qu'il ignorait un règlement local, il
faudrait aussi excuser les contraventions commises dans une commune par des Français étrangers à cette commune, et qui prétendraient igno-
rer l'arrêté municipal dont ils auraient enfreint
les dispositions; l'opinion opposée est cependant
de jurisprudence constante. Nous venons donc de
voir qu'une seule exception doit être faite au
principe que la loi française s'applique à toutes
les offenses à l'ordre public commises sur le territoire français; on pourrait se demander, à cet

égard, quelles sont les règles sur l'étendue de ce territoire. Ce territoire comprend la France continentale, l'Algérie, les colonies et les frontières servant au territoire de limites visibles. Mais, sur mer, le territoire comprendra encore les batiments de guerre ou de commerce français; et s'ils ne se trouvent pas en pleine mer, mais dans les ports d'un pays étranger, le bâtiment de guerre devra seul être considéré comme une extension du territoire national.

Les exceptions de la seconde espèce au principe de la territorialité des lois de police et de sûreté se trouvent dans les articles suivants du Code d'instruction criminelle :

« Art. 5. — Tout Français qui se sera rendu
« coupable, hors du territoire de France, d'un
« crime attentatoire à la sûreté de l'État, de con-
« trefaçon du sceau de l'État, de monnaies natio-
« nales ayant cours, de papiers nationaux, de
« billets de banque autorisés par la loi, pourra
« être poursuivi, jugé et puni en France, d'après
« les dispositions des lois françaises. »

« Art. 6. — Cette disposition pourra être éten-
« due aux étrangers qui, auteurs ou complices
« des mêmes crimes, seraient arrêtés en France
« où dont le gouvernement obtiendrait l'extradi-
« tion. »

« Art. 7. — Tout Français qui se sera rendu
« coupable, hors du territoire du royaume, d'un
« crime contre un Français pourra, à son retour
« en France, y être poursuivi et jugé, s'il n'a pas

« été poursuivi et jugé en pays étranger et si le
« Français offensé rend plainte contre lui. »

Ces articles ont été l'objet de nombreuses critiques. On a accusé nos lois répressives d'impré-
voyance à l'égard des faits criminels commis en
pays étranger et dont un pays civilisé peut et doit,
dans la limite de ses droits, dans l'intérêt général
de l'humanité, assurer la punition. On a donc
prétendu que ces articles ne faisaient pas des
exceptions assez larges au principe de territorialité. Exposons ces critiques. L'art. 5 a pour but de
protéger l'État dans sa sûreté et dans son crédit ;
or il n'atteint que les crimes attentatoires à la sûreté ou à la fortune publiques ; il garde le silence
sur les délits, et cependant le Code pénal a rangé
dans cette classe des faits d'une gravité mena-
çante : nous citerons pour exemple les délits prévus par les art. 82 et 89 ; c'est là une lacune
regrettable sans nul doute.

L'art. 6 ne punit que les crimes définis contre
l'État, et, par suite, remet l'impunité à l'étranger
qui s'est rendu coupable dans son pays de crimes
odieux contre un Français, ce que la justice étrangère n'aura pas voulu ou n'aura pas pu atteindre.
Ainsi l'assassin d'un Français peut impunément
venir en France : il y trouve un refuge assuré
contre la vengeance des lois de son pays si son
extradition n'est pas demandée, et la loi française
ne peut l'atteindre. Cependant le mal n'est pas
sans remède ; puisqu'il n'est pas Français, le gouvernement pourra, aux termes de l'art. 7 de la

loi du 3 décembre 1849, le faire conduire à la frontière. Ce même art. 6, en mettant de côté les délits, permet au contrefacteur qui a déjà acquis une immense fortune aux dépens de nos savants, de nos littérateurs ou de nos industriels, de venir en France braver ceux aux dépens desquels il s'est enrichi, et étudier de nouveaux moyens de continuer cette piraterie commerciale. Or que faire? Le conduire à la frontière, c'est le ramener un peu plus tôt où il voulait revenir un peu plus tard, et dans les lieux où il va continuer sa coupable industrie.

Nous arrivons à l'art. 7, contre lequel se sont élevées les plus nombreuses et les plus fortes critiques. Il ne punit le Français coupable d'un crime commis en pays étranger que si ce crime a été commis contre un Francais. Ainsi un Français, dans un intérêt de vengeance et de cupidité, passe la frontière, va commettre sur le sol étranger, à peu de distance de son domicile, les actes les plus criminels, et il rentre chez lui sans risques pour le présent, sans crainte pour l'avenir; on ne peut le poursuivre, car l'étendue de l'empire de notre loi criminelle ne permet pas d'aller jusque-là. On ne peut l'expulser du territoire, car il est Français; on ne peut en accorder l'extradition, car le décret du 23 octobre 1811, permettant de livrer le Français accusé à la nation étrangère a été, de l'avis de tout le monde, abrogé par les constitutions postérieures, et il est de principe, en droit international, qu'un État ne doit jamais livrer un de ses nationaux. On ne peut le soumettre à aucune mesure de surveillance, puisqu'il n'y a pas été condamné. Notre loi le prend donc sous sa protection, tout comme s'il était le meilleur et le plus honnête des hommes. C'est presque un droit de vie et de mort qu'on accorde au Français contre le voisin étranger avec lequel il se trouve en relations quotidiennes. Notre propre intérêt est, du reste, froissé : car celui qui fut criminel à l'étranger contre un étranger, est fort suspect en ce qui touche sa conduite à venir; et le voilà cependant jouissant de sa pleine liberté, sans qu'on puisse même prendre de mesure préventive, sans qu'on puisse le soumettre à la surveillance que subit le forçat libéré, qui a cependant sur lui, au point de vue moral, l'avantage d'avoir expié son crime.

L'art. 7 enchaîne, en outre, l'action du ministère public en le soumettant à la plainte de la partie offensée. Le coupable assez riche pour transiger n'est pas poursuivi; le pauvre, au contraire, est mis en jugement, et, contrairement à l'art. 6 du Code Napoléon, les conventions particulières dérogent à ce qui est d'ordre public. Enfin, cet art. 7 ne punit pas non plus les délits, et cependant, bien que ces faits soient les moins graves, ils sont cependant les plus dangereux à cause de leur fréquence ; aussi les dépêches des agents diplomatiques sont-elles là pour convaincre ceux qui douteraient encore des mauvais résultats du système actuel. Elles constatent que les coups et blessures,

les rixes sanglantes, les vols de récoltes, de bes-
tiaux, les dévastations forestières, excitent les
plaintes de tous nos voisins, provoquent des repré-
sailles, et entretiennent sur la frontière des habi-
tudes de rapine et brigandage.

La législation que nous venons d'examiner et
dont nous avons montré les vices n'a pas toujours
été suivie. En effet, l'art. 2 du Code des délits et
peines du 3 brumaire an IV était ainsi conçu :
« Tout Français qui s'est rendu coupable, hors du
« territoire de la République, d'un délit auquel les
« lois françaises infligent une peine afflictive ou
« infamante est jugé et puni en France lorsqu'il
« est arrêté. » Du reste, l'état de la législation
actuelle a déjà éveillé l'attention non-seulement
des jurisconsultes, mais encore du gouvernement.
Une proposition émanée de l'initiative parlemen-
taire avait été adoptée par la chambre des députés en 1842 et portée à la chambre des pairs dans
la session suivante; mais la modification de l'art. 7,
adoptée d'abord séparément, fut rejetée par la
haute chambre avec l'ensemble de la proposition
qui embrassait la réforme de dix-neuf articles du
Code d'instruction criminelle. Cette proposition
fut reprise par son auteur en 1845 ; le gouvernement la fit ajourner, quoiqu'il lui fût favorable.
Le garde des sceaux déclara que pour vaincre la
résistance de la chambre des pairs, il désirait ne
voir cette proposition reproduite qu'après avoir
consulté les grands corps judiciaires et les facultés de droit. C'est en 1847 seulement que ces do-

cuments importants furent terminés et recueillis.
La cour de cassation, vingt-quatre cours d'appel
sur vingt-sept et six facultés de droit sur neuf, dé-
clarèrent qu'une modification profonde à la législation existante et dans le sens d'une plus grande
étendue de la loi pénale était indispensable au
maintien de la morale et du bon ordre; enfin le
gouvernement actuel a présenté dans ce sens un
projet de loi au corps législatif dans la séance du
15 mai 1852. Ce projet de loi fut l'objet d'un rapport favorable de la commission du corps législatif, et le corps législatif l'adopta. Le sénat ne
s'opposera probablement pas à sa promulgation,
et sous peu il sera définitivement loi de l'État.
Nous allons en examiner les diverses dispositions
en les comparant avec la législation actuelle.
Voici d'abord quelle serait la nouvelle rédaction
de l'art. 5. « Tout Français qui, hors du territoire
« de la France, s'est rendu coupable d'un crime
« ou d'un délit puni par la loi française, peut être
« poursuivi et jugé en France, mais seulement à
« la requête du ministère public. Si le crime ou le
« délit a été commis contre un particulier français
« ou étranger, la poursuite et le jugement ne
« pourront avoir lieu avant le retour de l'inculpé
« en France. La condamnation par défaut pro-
« noncée par un tribunal de police correction-
« nelle est comme non avenue si, dans les délais
« fixés par l'art. 73 du Code de procédure civile
« à compter du jour de la notification du juge-
« gement faite conformément au § 9 de l'art. 69

« du même Code, le prévenu a formé opposi-
« tion. »

Comme on le voit, cet article modifie la législation existante en ce que le Français est respon-
sable de sa conduite même en pays étranger et
qu'il peut être poursuivi et jugé toutes les fois
qu'il a commis en pays étranger soit un crime,
soit un délit; le ministère public, non-seulement
n'est pas obligé d'attendre la plainte de la partie
lésée, mais encore c'est à lui qu'est confié exclusivement le droit de poursuivre ces crimes et ces
délits, de telle sorte que la partie lésée ne pourrait pas, dans ce cas, user du droit écrit dans les
art. 64 et 182 du Code d'instruction criminelle.
Comme on le voit, le nouvel article concerne la
différence actuellement existante entre les crimes
contre la sûreté intérieure ou extérieure de l'É-
tat ou contre sa fortune, et les crimes contre les
particuliers. La poursuite par contumace n'est
possible que pour les premiers; quant aux délits,
la même distinction est admise, et une condamnation par défaut ne pourra être obtenue qu'en matière de délits intéressant la chose publique; seulement ici se trouvent augmentés les délais
ordinaires de l'opposition.

Voici maintenant le nouvel article 6. — « Tout
étranger qui, hors du territoire de la France,
s'est rendu coupable d'un crime soit contre la
chose publique, soit contre un Français, peut,
s'il vient en France, y être arrêté et jugé conformément aux lois françaises; à l'égard des délits,

la poursuite n'aura lieu que dans les cas et sous
les conditions déterminées entre la France et les
puissances étrangères par des conventions diplomatiques : toute poursuite cesse contre l'étranger
dont l'extradition a été demandée et obtenue. »
Voilà donc, en vertu de cet article, l'étranger
soumis à nos lois et à nos juridictions pour un
crime commis à l'étranger contre un Français, à
la condition cependant qu'il soit arrêté en France,
de telle sorte qu'il ne peut être question ici ni
d'extradition, ni de jugement par contumace. On
respecte cependant la susceptibilité nationale du
pays auquel appartient cet étranger, et sa juridiction a la priorité si son gouvernement demande
l'extradition. M. Millet, député au corps législatif, avait proposé de décider que si le crime avait
été commis par l'étranger contre un Français,
hors du territoire, était jugé en France, on devrait appliquer à l'accusé la plus douce des deux
législations française et étrangère ; mais cet amen-
dement, dont la pensée était cependant excellente
et pleine d'équité, n'a pas été admis. L'art. 7 est
ainsi conçu : « La compétence de la cour ou du
« tribunal est déterminée par l'art. 24 du présent
« Code ; néanmoins la Cour de cassation peut, sur
« la demande du ministère public ou des parties,
« renvoyer la connaissance de l'affaire devant
« une cour ou un tribunal plus voisin du crime
« ou du délit ; lorsqu'il s'agit d'un délit ou lorsque
« le crime a été commis contre un particulier
« français ou étranger, aucune poursuite n'est

« exercée contre l'inculpé français ou étranger
« s'il prouve qu'il a été jugé définitivement hors
« de France pour les mêmes faits, et contre l'in-
« culpé étranger s'il établit que le fait ne cons-
« titue ni crime ni délit dans le pays où il a eu
« lieu. » Cet article admet, comme la législation
existante, l'autorité de la chose jugée en matière
criminelle à l'étranger, excepté, bien entendu,
dans le cas où il s'agirait d'un crime contre la
chose publique. Le Français est toujours punis-
sable lorsqu'il commet, même en pays étranger,
ce que la loi française déclare crime ou délit, sans
s'occuper de savoir si ce fait constitue ou non un
crime ou un délit dans le pays où il a eu lieu ;
l'étranger seul peut, sous ce rapport, se placer
sous l'égide de la loi étrangère. Si on avait admis
le Français à profiter de cette seconde exception,
on aurait eu à redouter que, profitant des lacunes
d'une législation voisine, des Français, trop ou-
blieux des droits de leurs concitoyens, ne com-
missent, à la limite même des deux États, les
actes les plus préjudiciables à leurs nationaux,
comme en matière de contrefaçon, par exemple.
Les lois criminelles et le pouvoir judiciaire de la
France, comme les lois criminelles et le pouvoir
judiciaire de tout État souverain, s'étendent à la
poursuite de certains crimes contre le droit des
gens. Nous citerons pour exemple le crime de
piraterie et le crime d'espionnage. Voici en quels
termes Bynkershoek définit les pirates : « Qui au-
« tem nullius principis auctoritate sive mari, sive

« terra, rapinas exercent, piratarum prædonum-
« que vocabulo intelliguntur : unde ut piratæ pu-
« niuntur qui ad hostem deprædandum enavigant
« sine mandato præfecti maris et non præstitit,
« quæ porro præstari desiderant. » Les pirates sont
donc ceux qui courent les mers de leur propre
autorité pour y commettre des actes de dépréda-
tion, pillant à main armée, soit en temps de paix,
soit en temps de guerre, des navires de toutes les
nations. De tels gens sont les ennemis du genre
humain tout entier ; ils sont hors du droit des
gens ; il est permis et ordonné à chacun de leur
courir sus et de s'en emparer par tous les moyens
possibles ; ils peuvent être arrêtés sur les mers
par les bâtiments de tout État et conduits dans
les limites territoriales de cet État pour y être
jugés par les tribunaux et selon les lois. Chez nous,
la loi du 10 avril 1825 règle la matière et prononce diverses peines selon le degré de culpabilité
de chacun. Quant au crime d'espionnage, nous
avons, en temps de guerre, le droit de le juger,
alors même qu'il est commis a l'étranger par un
étranger. En effet, la loi du 20 brumaire an V,
titre IV, art. 2, prononce contre tout espion la
peine de mort.

En suivant la même marche que l'art. 3 du
Code Napoléon, nous passons de l'étude de notre
matière au point de vue du droit public et pénal
à son étude au point de vue du droit privé. L'ar-

---

(1) Quæstionum juris publici, lib. 1, cap. XVII.

ticle 3 nous dit : « Les immeubles, même ceux
« possédés par des étrangers, sont régis par la loi
« française ; les lois concernant l'état et la capa-
« cité des personnes régissent les Français même
« résidant en pays étranger. » C'est là, comme
on le voit, une division bipartite des lois fort
importante, puisque des premières il faudra
dire : *clauduntur territorio*, tandis que pour les
secondes, il faudra leur reconnaître un empire
plus étendu et admettre qu'elles suivent le Français partout où il va, effet énergique qu'on a souvent rendu par de vives images : « Post equitem
« sedet........; personam sequitur sicut venter,
« sicut cicatrix in corpore. » Cette division des
lois en statuts réels (1) et personnels, nous vient
de l'ancien droit. Elle se trouve déjà à l'état d'é-
bauche dans Bartole (2) ; mais elle n'apparaît plus
complétement développée que vers la fin du
seizième siècle par d'Argentré (3). Voici à quelle
occasion : L'art. 218 de la coutume de Bretagne
porte que nul ne peut ôter à ses héritiers légitimes
plus du tiers de ses biens immobiliers. Là dessus
s'éleva la question de savoir si les immeubles situés hors de la Bretagne devaient être compris
dans ce tiers, et d'Argentré, dans la sixième glose

---

(1) Nous emploierons indifféremment les mots *lois* ou *statuts*,
parce que ce dernier terme est, dans notre matière, complète-
ment consacré par l'usage.
(2) Bartolus, in-f°, 1 C. d., summa trinitate.
(3) Argentrei comment. ad patrias Britonum leges, num, § 5,
6, 7, 8.

sur l'article cité, eut l'occasion d'exposer la théorie complète de la collision des lois quant au lieu,
quant aux choses et quant aux personnes. Il mou-
rut en 1590 et son livre ne fut publié qu'après sa
mort, en 1608. Il reconnaissait trois espèces de
statuts: les statuts réels, les statuts personnels et
les statuts mixtes. Dans la législation actuelle, les
principes admis étant complétement opposés, selon qu'il s'agit d'un statut réel ou d'un statut personnel, il est impossible d'admettre des statuts
mixtes ; il faut absolument choisir pour chaque
loi et lui appliquer le principe de territorialité,
si c'est un statut réel ; le principe, au contraire, de
nationalité, si c'est un statut personnel. Mais comment distinguer le statut réel du statut personnel ? Il faudra pour cela s'occuper des choses, non
des mots, et le seul moyen de saisir la distinction
sera de faire abstraction complète de la manière
dont la loi peut être rédigée pour rechercher le
but définitif et dernier qu'on a voulu atteindre en
portant cette loi, et la pensée principale qui pré-
occupait le législateur alors qu'il l'a édictée. La
loi sera donc réelle, lorsqu'elle aura pour objet
prédominant et essentiel les biens eux-mêmes,
abstraction faite des personnes, lorsqu'elle se pro-
posera principalement comme but de régler, de
diriger pour des motifs d'économie politique la
transmission de ces biens ; elle sera, au contraire, personnelle, lorsqu'elle aura pour objet
prédominant et essentiel la personne elle-même,
lorsque abstraction faite des biens, elle se propo-

sera uniquement de résoudre des questions d'état et de capacité.

Indépendamment de ces deux classes de lois, nous verrons plus tard qu'il est nécessaire d'appliquer des principes particuliers 1° aux lois sur les effets et l'interprétation des contrats; 2° aux lois concernant la forme et l'exécution des actes soit judiciaires, soit extra-judiciaires. Aussi consacrerons-nous à ces deux classes de lois la partie finale de cette thèse. Revenons à notre sujet.

D'après les définitions données plus haut, il est évident qu'il existe dans notre droit des règles fort nombreuses qui n'offrent aucune difficulté et qu'à première vue tout le monde range soit dans les statuts réels, soit dans les statuts personnels. Il en est ainsi, par exemple, des deux premiers livres du Code Napoléon; le premier livre est évidemment une série de statuts personnels, le second, au contraire, une série de statuts réels. Mais d'autres points assez nombreux sont loin d'être, à cet égard, sans difficulté.

On a sans doute déjà remarqué que notre article 3, dans son second paragraphe, ne s'occupe textuellement que des immeubles; il faut cependant décider qu'il s'applique aussi aux meubles. Tout le monde est d'accord sur ce point en ce qui touche les meubles considérés *in re singulari*; il n'y a divergence que lorsqu'il s'agit de meubles considérés comme universalité, c'est-à-dire lorsqu'il s'agit d'une succession purement mobilière ou de la partie mobilière d'une succession mixte.

Sur ce point, il s'est produit trois opinions dont une, toute récente, est personnelle à M. Demolombe. Mais, d'autre part, quant aux immeubles eux-mêmes considérés comme universalité, une opinion fort ancienne et qui a ses partisans encore aujourd'hui, tendrait à soustraire ce cas à l'application de l'art. 3, pour appliquer dans tous les cas et à toutes les successions soit mobilières, soit immobilières, la loi du domicile. Si on admettait ce système, on voit qu'il faudrait reconnaître qu'il existe un principe particulier applicable à la matière des successions. Cette doctrine a pour défenseurs M. Fœlix (1) et M. Zachariæ (2). Elle est admise par presque toutes les législations allemandes : c'est probablement ce qui aura entraîné le savant professeur de l'université de Heidelberg à la soutenir en droit français. Voici comment cet auteur s'exprime : « En principe rigoureux, le « patrimoine semble devoir être régi par les lois « qui règlent l'état et la capacité de la personne « à laquelle il appartient. On ne conçoit pas, en « effet, de patrimoine, abstraction faite d'une « personne qui le possède; en d'autres termes, les « biens d'un individu ne forment ce tout idéal qu'on « appelle patrimoine que par suite d'un rapport « juridique, établi entre ces biens et cet individu: « le patrimoine qui n'est pas un objet extérieur « se confond donc, en quelque sorte, avec la per-

---

(1) Droit international privé, t. 1, n° 42.
(2) Cours de droit civil français, t. 1, § 31.

« sonne qui en est propriétaire. Il résulte de là
« que la succession (*patrimonium defuncti*) ab in-
« testat ou testamentaire d'un étranger devrait
« être régie par les lois du pays de cet étranger,
« mais la jurisprudence n'a admis cette consé-
« quence que relativement à la succession mobi-
« lière. » Si forte qu'au premier aspect paraisse
cette argumentation, nous ne saurions en admettre
la conclusion. S'il est vrai que l'être idéal appelé
patrimoine ne peut pas se concevoir abstraction
faite de la personne, il n'en est pas moins vrai
qu'il s'agit ici finalement de la transmission des
immeubles eux-mêmes; que c'est la dévolution,
la transmission des biens qui est l'objet dominant
de la préoccupation de la loi; que, dès lors, cette
loi est un statut réel, et nous pourrions répondre
par un argument de texte décisif tiré de l'art. 3;
et non-seulement cette loi est un statut réel, mais
encore c'est une loi dictée par des principes qui
tiennent aux bases mêmes de l'organisation sociale; elle est le résultat des principes politiques
de chaque État, selon qu'ils favorisent l'égalité
ou l'inégalité des partages, qu'ils admettent ou
non une noblesse avec des priviléges et des lois
particulières sur les successions, qu'ils tendent au
morcellement ou à la concentration des fortunes.
Aussi, admettre chez nous la théorie de M. Zachariæ, ce serait pour ainsi dire faire une brèche aux
principes généraux du Code Napoléon, qui se
trouverait par là ne plus sauvegarder, dans le
livre des successions, aussi bien qu'il le fait,

les principes que nous a légués notre grande
révolution. Certainement les lois sur les successions tiennent compte des affections et de la volonté présumée du défunt, mais cependant dans
une certaine mesure et avec plus d'une restriction. Ne brisent-elles pas cette volonté lorsqu'elle
dépasse la quotité disponible (art. 920), ou quand
elle crée des substitutions (art. 896)? Donc l'intérêt politique et suprême de l'État domine tout ce
sujet. C'est une question de souveraineté; il n'y a
pas que des personnes françaises, il y a aussi des
choses françaises. Qui oserait soutenir que la
France est une agglomération d'hommes formant
la nation française indépendamment de son territoire? Nous avons avec raison l'amour du sol de
la patrie; il en est de même des autres nations
européennes; il n'y a plus, dans notre siècle, de
ces peuples vagabonds qui ne tiennent à aucun
sol, et ne se composent que de personnes. Il y a
donc, nous appuyons sur cette idée, des personnes
françaises dont la loi française doit seule régler
l'état et la capacité, et des biens français dont la
loi française doit seule régler la transmission,
sous peine d'abandonner une partie importante
de sa souveraineté.

Ces arguments nous semblent si forts, si déci-
sifs, que nous n'hésitons pas à admettre la même
décision en ce qui touche les successions purement mobilières. La même question de souveraineté ne se présente-t-elle pas en effet? Quelle
raison particulière aux meubles de décider le

contraire? A quel titre les lois étrangères auraient-elles autorité en France, au point de décider du sort d'un bien qui se trouve sur notre territoire et sous la seule garantie de nos lois? On répond que les meubles n'ont pas d'assiette fixe, et les auteurs qui se fondent sur cette raison expriment souvent ce principe par cette formule : *mobilia sequuntur personam*, ou bien, *mobilia ossibus inhærent*. Mais c'est là une pure fiction dont on comprenait l'application autrefois de coutume à coutume, mais qu'on ne saurait appliquer entre deux États dépendant d'une souveraineté différente. Aussi l'administration des domaines ne s'y trompe-t-elle pas, et demande-t-elle, par droit de déshérence, les meubles laissés en France par l'étranger décédé sans héritiers ni successeurs irréguliers. Tous nos adversaires lui accordent ce droit; s'ils voulaient être logiques, ils devraient appeler le trésor public du pays où le défunt avait son domicile; ils n'osent cependant pas aller jusquelà, et c'est ce qui les condamne. M. Demolombe (1) le sent si bien qu'il tâche d'expliquer cette difficulté en prétendant qu'ici l'État vient prendre ces biens par une sorte de droit d'occupation; nous nous contenterons de lui opposer l'art. 768 du Code Napoléon. Merlin (2) demandait que l'on appliquât ici la loi du domicile du défunt; il considérait cette décision comme une courtoisie de gou-

---

(1) Cours de Code civil, t. 1, n° 96.
(2) Répert. de lois, par. 6, n° 1.

vernement à gouvernement, et il trouvait cette
courtoisie habile et politique; il la déclarait fondée sur les convenances mutuelles des peuples et
sur leur commun intérêt. M. Demolombe (1),
s'emparant de ces paroles de Merlin, en tire une
opinion qui lui est toute personnelle; il adopte
en principe général le règlement de la succession
mobilière par la loi du domicile du défunt; mais
il fait, à cet égard, quelques réserves que l'art. 3
lui semble autoriser et avoir eu pour but d'autoriser, en s'abstenant sur ce point de toute décision
absolue. Ainsi le savant professeur de Caen nous
dit : « On comprend que cette maxime soit consi-
« dérée comme de droit des gens, comme un acte de
« courtoisie et de convenances réciproques envers
« les nations qui la pratiquent aussi envers nous,
« comme aujourd'hui la Prusse et l'Autriche. Mais
« ces motifs n'existent pas à l'égard des nations qui
« appliqueraient chez elles un principe contraire,
« comme la Bavière, par exemple. Je m'expli-
« querais donc bien que, dans ce dernier cas, on
« appliquât chez nous la loi française. » Ce système mixte doit tout aussi bien être rejeté que le
système de Merlin. Il y aurait encore ici abandon
du principe de souveraineté; lorsque les rédacteurs
du Code civil ont voulu établir une règle de réciprocité dans le cas de l'art. 11, ils ont demandé, pour
que la loi étrangère eût autorité en France, non
pas une simple manifestation de la volonté du lé-

(1) Ouvrage cité, n° 91.

gislateur étranger, mais encore l'intervention de
la France par la voie des traités. En résumé, la
question de savoir comment s'opérera la dévolution des biens d'un défunt, quelle que soit leur
nature, devra, selon nous, être toujours réglée
par la loi française. Cette solution peut faire naître
une difficulté : un homme meurt, laissant des biens
en France et des biens en pays étrangers ; les
deux masses sont égales en valeur; il ne laisse
pas de testament et a pour héritier ab intestat son
père et son frère. Le Code Napoléon accorde au
père le quart et au frère les trois quarts de la
succession (art. 749). Eh bien, supposons que la
loi étrangère accorde à chacun d'eux moitié, le
frère pourrait-il prétendre que le père a ainsi le
quart de la succession totale, et que, par suite, il
n'a plus rien à réclamer sur les biens situés en
France? La cour de Bastia a donné raison à cette
prétention par arrêt du 25 mars 1833 (1), en se
fondant sur un argument d'analogie tiré de l'art. 2
de la loi du 14 juillet 1819. Cet article n'est cependant pas ici applicable ; en effet, les héritiers
français ne sont pas exclus comme Français, et en
cette qualité; au contraire, la loi étrangère les
appelle à la succession, seulement elle la distribue
différemment. Telle n'est pas l'hypothèse de la
loi de 1819; il est même généralement admis que
l'héritier français n'aurait aucun prélèvement à
exercer sur les biens situés en France, lors même

(1) Carrette et de Villeneuve, 1834, t. 2, p. 317.

qu'il ne serait pas appelé par la loi étrangère sur les biens situés en pays étranger, si ce n'était pas comme Français qu'il en fût exclu, mais seulement parce que la loi étrangère appellerait, en ce cas, un autre parent, un autre Français peut-être, un parent autre, disons-nous, que le parent appelé par la loi française. D'ailleurs, le système de la cour de Bastia élèverait entre les deux statuts réels un conflit sans issue. En effet, si nous refusons d'accorder au père le quart des biens français pour assurer ainsi au frère les trois quarts de la succession totale, pourquoi la loi étrangère n'attribuerait-elle pas au père la totalité des biens situés en pays étranger, pour lui assurer ainsi la moitié de toute la succession? Dans une telle situation, il faut donc s'en tenir à l'application des principes généraux, qui veulent que chaque statut réel régisse séparément la transmission des biens situés dans son empire; il y aura non une succession unique, mais deux successions distinctes et différemment distribuées : *quot sunt bona diversis territoriis obnoxia, totidem patrimonia intelliguntur*. On a douté de la nature des lois sur la réserve et la quotité de biens disponibles ; on s'est demandé si c'étaient des statuts réels ou des statuts personnels ; il s'agit toujours ici de savoir ce que deviendront les biens du défunt, s'ils seront attribués au donataire, au légataire ou aux héritiers à réserve et dans quelle proportion. Si les lois sur les successions sont un statut réel, il doit en être de même des lois qui nous occupent ;

car la réserve est une partie de la succession ab
intestat, c'est-à-dire une partie indisponible que
la loi elle-même transmet impérativement à certains héritiers. On objecte que le père ne pouvant
disposer que d'une certaine portion est incapable
de disposer du reste, que dès lors la loi est personnelle. C'est là confondre une règle de disponi-
bilité avec une règle de capacité ; le père est si
peu incapable que dans le cas de prédécès de ses
enfants, les libéralités excessives qu'il aurait faites
même de leur vivant seront maintenues ; donc le
seul but que le législateur se propose est-il de régler la transmission des biens.

Même question s'est élevée en ce qui touche la
loi qui règle la part de l'enfant naturel dans la
succession de ses père et mère ; c'est encore ici
un statut réel, car il s'agit toujours d'une transmission de biens. On fait cependant quelques
objections spécieuses. On objecte que l'art. 908
porte que les enfants naturels ne pourront rien
recevoir de ce qui leur est accordé au titre des
successions, que cet article est placé dans un
chapitre intitulé : *De la capacité de disposer ou
de recevoir*, et que cette restriction est motivée
dans ce cas par la défaveur toute personnelle de
l'individu. Nos adversaires accordent ici une trop
grande importance à la place qu'occupe dans le
Code Napoléon l'art. 908 ; une père dispose au
profit de son enfant naturel, personne ne peut
dire si la disposition est nulle ou valable ; aux
termes des art. 757 et 758 combinés avec l'art. 908,

le sort de cette disposition est subordonné au nombre et à la qualité des héritiers qui existeront lors de l'ouverture de la succession, et alors la libéralité s'exécutera peut-être pour partie, peut-être même pour le tout, fût-elle universelle. Qu'est-ce donc dès lors autre chose qu'une question d'exécution, c'est-à-dire de distribution des biens ab intestat à laquelle la loi préside, en ayant soin par des raisons de convenance et d'honnêteté publique de protéger la famille légitime, et d'empêcher qu'une trop forte part héréditaire soit transmise à l'enfant naturel, selon le degré des parents légitimes avec lesquels il vient en concours.

Les lois personnelles dont nous avons donné plus haut les caractères distinctifs suivent le Français et règlent encore son état et sa capacité lorsqu'il réside en pays étranger. En effet, la loi personnelle française est faite pour régir tous les Français; or, on ne cesse pas d'être Français par cela seul qu'on se trouve en pays étranger. D'ailleurs les lois de cette nature seraient complétement illusoires s'il suffisait de passer la frontière pour échapper à leur empire, si par exemple le mineur de vingt-cinq ans, ne pouvant se marier en France sans le consentement de son père, pouvait aller se marier valablement dans un pays qui ne l'exigerait pas. Rien n'est donc plus nécessaire au bon ordre, plus conforme à la dignité des lois et à l'intérêt même des citoyens, sur lesquels autrement la protection du législateur

serait inefficace et impossible. Mais réciproquement, les étrangers résidant en France demeu-
rent-ils soumis aux lois étrangères qui règlent
leur état et leur capacité? Sur cette question il se
présente trois systèmes : le premier enseigne que
les étrangers en France doivent toujours être
soumis aux lois personnelles françaises pour tous
les actes qu'ils peuvent y faire, surtout avec des
Français et à raison des biens situés en France.
Ce système a surtout pour but de protéger nos
nationaux contre des erreurs préjudiciables pro-
venant de l'ignorance générale et nécessaire dans
laquelle les Français se trouvent des législations
étrangères. On cite à l'appui de ce système l'article 37 de l'ordonnance du 26 septembre 1837 sur
l'organisation de la justice en Algérie, ainsi conçu :
« La loi française régit les conventions et con-
« testations entre Français et étrangers. » La seconde opinion enseigne au contraire que l'étranger résidant en France y reste soumis à la loi
personnelle de son pays, de la même manière que
le Français en pays étranger reste soumis à la loi
personnelle française. Cette réciprocité, dit-on,
est conforme au droit des gens européen ; elle est
logique, équitable et politique. Les nations doivent mutuellement s'abstenir de convier les étrangers à violer chez elles leurs lois personnelles ;
c'est là un grand et commun intérêt de toutes les
nations civilisées. M. Fœlix (1), qui partage cette

(1) Droit international privé, t. 1. p. 45 et 117.

seconde opinion, fait remarquer que la violation
de ce principe en France contre des étrangers
par quelques décisions judiciaires récentes a bientôt provoqué des mesures de rétorsion en pays
étranger contre des Français. Cette opinion trouve
en outre un appui considérable dans les termes
mêmes de l'art. 3 du Code Napoléon ; car, par
cela même que notre article soumet expressément
les étrangers aux lois de police et de sûreté et aux
statuts réels français, *a contrario*, il laisse l'étranger en France sous l'empire de ses lois personnelles. On peut même ajouter que le projet du
titre préliminaire du Code Napoléon déclarait
(titre IV, art. 4) que l'étranger serait soumis à la
loi française « pour les biens qu'il possède en
«France et pour sa personne pendant sa résidence,»
ce qui fut rejeté. Donc il faut admettre en principe général que l'étranger doit demeurer soumis,
en France, à la loi personnelle de son pays. Ainsi
un étranger capable de se marier d'après la loi
française, mais incapable de le faire d'après la
loi étrangère, ne pourra pas contracter mariage
en France, et l'officier d'état civil devra refuser de
procéder à la célébration ; aussi une circulaire du
garde des sceaux aux procureurs généraux, en
date du 4 mars 1831, porte qu'on ne doit procéder, en France, à la célébration du mariage d'un
étranger qu'autant qu'il justifie, par un certificat
des autorités compétentes de son pays, qu'il a la
capacité requise pour se marier ; de même, le
testament fait par un étranger capable de tester

d'après la loi française, mais incapable selon la loi étrangère, ne devra pas être exécuté, même sur les biens situés en France. M. Demolombe (1) n'admet pas complétement cette seconde opinion; il adopte un troisième système qui lui est personnel: la loi étrangère réglera en France l'état et la capacité de l'étranger toutes les fois que la nation à laquelle cet étranger appartiendra consacrera le même principe à notre égard, ce qui a lieu en Autriche et en Prusse; lorsqu'au contraire la législation d'un pays aura disposé que les étrangers, dans le territoire qu'elle gouverne, ne peuvent pas invoquer la loi personnelle de leur patrie, les nationaux de ce pays seront traités de même chez nous, ce qui arrivera, dans l'état actuel, pour les nationaux des royaumes de Hollande, de Belgique et des Deux-Siciles; il peut encore arriver que, tout en consacrant notre règle, la loi étrangère y ait admis certaines modifications dans l'intérêt des nationaux. D'après M. Demolombe, il faudra, en France, en faire autant lorsqu'il s'agira de régler l'état et la capacité de ces nationaux. Ce système nous semble devoir être rejeté, car il consiste purement et simplement à se faire une loi à sa guise, qu'on arrange, qu'on modifie comme l'on veut. L'estimable auteur que nous venons de citer est bien plus dans le vrai lorsqu'il veut que notre principe général reçoive exception dans les deux cas

(1) Cours de Code civil, n° 99.

suivants : 1° lorsque l'application de la loi personnelle étrangère compromettrait l'ordre public;
2° lorsqu'elle compromettrait un intérêt français,
même privé.

La première de ces exceptions n'a pas besoin
d'être défendue. Nous nous contenterons de donner quelques exemples : Un étranger appartenant
à un pays où la polygamie est admise, un Turc,
par exemple, demande à contracter en France un
second mariage avant la dissolution du premier :
on devra lui refuser la célébration de cette
seconde union. Nous ne devons pas pousser le
respect de notre principe jusqu'à lui sacrifier
toutes nos règles de morale, tous nos principes
d'honnêteté publique. Si un étranger, frappé par
la loi de sa patrie dans son état ou sa capacité,
comme hérétique, acquérait des droits ou faisait
des actes juridiques en France, pays qui, admettant depuis longtemps déjà la liberté de conscience, repousse comme immorale cette incapacité, et, à plus forte raison, si les incapacités
dont il est frappé lui étaient infligées à cause de
ses croyances catholiques, le juge français devrait
ne tenir aucun compte de ces lois étrangères
immorales ; il ne devrait pas, pour cela, appliquer la loi française ; il appliquerait la loi étrangère, mais en considérant l'étranger dont nous
nous occupons comme étant dans son pays, *integri
status*.

Si nous supposons une législation étrangère
n'admettant pas toutes les prohibitions de ma-

riage entre les personnes parentes ou alliées
qu'admet la législation française (art. 161 et suivants du Code Napoléon), deux étrangers appartenant à cette nation, demandant à se marier en
France, quoique parents au degré prohibé par la
loi française, mais à un degré non prohibé par
leurs lois, l'officier de l'état civil devrait-il procéder à la célébration d'un semblable mariage ?
Une circulaire du garde des sceaux, en date du
10 mai 1824 (1) décide la négative. C'est, selon
nous, avec raison, parce que le mariage entre
personnes parentes ou alliées, au degré prohibé
est, chez nous, considéré comme contraire à
l'ordre public, à moins, bien entendu, que le
gouvernement ne l'ait autorisé par une dispense ;
il en serait de même, à plus forte raison, ainsi
que le décide la circulaire précitée, d'un pareil
mariage dont la célébration serait demandée
entre un Français et un étranger, car, dans ce cas,
la dispense est exigée pour le Français lui-même ;
il est bien clair, en effet, qu'une étrangère ne
saurait être ma nièce, par exemple, sans que je
fusse son oncle.

Mais faut-il aller jusqu'à admettre qu'un étranger divorcé conformément aux lois de son pays
ne pourra pas contracter mariage en France avec
une étrangère ou même avec une Française ? La
cour de Paris a décidé par deux arrêts qu'il fallait aller jusque-là et déclarer ce mariage impos-

---

(1) Sirey, 1829, t. 2, p. 285.

sible (1). Les raisons données par ces deux arrêts
sont les suivantes : 1° L'étranger, afin de pouvoir
se marier en France, ne doit se trouver dans aucun des cas de prohibition prévus par la loi française ; ce motif de décision est purement et simplement la négation absolue du principe de l'application des lois personnelles étrangères à l'é-
tranger en France. Or nous croyons avoir prouvé
que ce principe est vrai ; écartons donc cette
première raison sans autre discussion. 2° La capacité personnelle de l'étranger ne peut relever
le Français des empêchements dirimants du Code
qui le régit ; ce second argument n'est autre
chose qu'une confusion complète des deux lois,
des deux capacités personnelles, qui sont cependant distinctes. Nous avons déjà dit que nous admettrions cet argument s'il s'agissait d'un empê-
chement fondé sur une qualité commune aux
deux futurs époux, par exemple, si un étranger
capable d'épouser dans son pays sa nièce sans
dispense, prétendait épouser sa nièce française
sans dispense du gouvernement. M. Duranton (2)
enseigne « qu'un Français pourrait valablement
épouser une femme étrangère qui aurait moins
de quinze ans révolus (art. 114) si cette femme
avait l'âge fixé par la loi de son pays. » Nous ne
saurions admettre cette opinion du célèbre pro-

(1) Paris, 30 août 1828, Dalloz, 1828, t. 2, p. 67 ; Paris,
28 mars 1843 : Carrette et de Villeneuve, 1843, t. 2, p. 566.
(2) Cours de droit français suivant le Code civil, t. 1, p. 81.

fesseur, parce que cette espèce de condition réagit sur la capacité du Français lui-même, puisqu'elle a pour objet les conséquences futures du mariage, la bonne constitution des enfants qui en naîtront, et par conséquent l'intérêt public. D'ailleurs, à un autre point de vue, ne pourrait-on pas prétendre que l'honnêteté publique sera révoltée de voir monter dans le lit nuptial une enfant qui ne serait pas encore nubile? En est-il de même dans notre espèce? Le divorce a dissous le premier mariage de l'un des futurs époux ; ce divorce est un fait consommé et d'ailleurs tout relatif et personnel. 3º Le divorce, dit la cour de Paris, n'est pas admis en France, et il s'agit ici d'une prohibition d'ordre public. Voilà donc le divorce institution admise chez le plus grand nombre des nations européennes, chez des peuples avec lesquels nous sommes en relations amicales, qui marchent côte à côte avec nous dans les voies de la civilisation, le divorce qui est admis même chez des nations catholiques, qui a été admis chez nous de 1792 à 1816, dont la chambre des députés a par trois fois, sous le règne de Louis-Philippe, voté le rétablissement ; voilà, disons-nous, le divorce mis au ban de la civilisation, assimilé à la polygamie et dénoncé comme un de ces attentats à la morale universelle qu'une nation civilisée ne doit absolument pas reconnaître ! N'est-ce pas là aller trop loin? Revenons donc à la vérité, et disons tout simplement que le divorce est un mode de dissolution du mariage,

que ce mode de dissolution n'est pas admis en
France ; mais ne disons pas que l'ordre public
s'oppose à ce que nous lui reconnaissions ce caractère de mode de dissolution dans la personne des
étrangers. La loi française n'admet pas qu'on puisse
annuler un mariage pour cause d'impuissance
naturelle. Supposons une loi étrangère qui l'admette ; les juges étrangers ont annulé un mariage
pour cette cause ; refuserez-vous à la femme qui
a obtenu la nullité de ce mariage le droit de se
marier en France ? Évidemment non. Pourquoi
dès lors ne pas décider de même en matière de
divorce ? D'ailleurs, voyez toutes les conséquences
du système de la cour de Paris ; si on l'adopte, il
faudra juger, d'après la loi française, toutes les
questions d'état relatives aux étrangers et les
considérer comme bigames, bâtards, adultérins,
incestueux, lorsque la loi de leur pays les décla-
rera époux légitimes, enfants légitimes, et cela
toutes les fois qu'un mariage, valable d'après la
loi étrangère, ne le sera pas d'après la loi française. Ce serait là violer toutes les règles de droit
international et rendre impossible toute espèce
de rapports avec les étrangers. Enfin n'avoue-t-on
pas que si un Français divorcé en France avant
la loi du 8 mai 1816, demandait aujourd'hui à se
remarier, on ne pourrait l'en empêcher ? N'est-ce
pas là reconnaître que le mariage est valablement
dissous lorsque cette dissolution a été prononcée
en vertu de la loi par laquelle il était régi, et n'y
a-t-il pas ici analogie frappante entre le conflit

des lois dans le temps et le conflit des lois des diverses nations ?

Nous avons dit que si l'application de la loi personnelle étrangère devait compromettre un intérêt français même privé, nous ne devrions pas l'admettre. Nous empruntons cette exception au seul auteur qui l'admette; aussi allons-nous le laisser lui-même exposer ses idées, que nous trouvons excellentes. « Un étranger mineur d'après la loi « personnelle, mais majeur d'après la loi fran- « çaise, a contracté en France avec un Français : « l'obligation est-elle valable ? Une femme étran- « gère, incapable de s'obliger même avec auto- « risation de son mari d'après la loi personnelle, « mais capable d'après la loi française, s'est obligée « en France envers un Français et lui a concédé une « hypothèque sur un immeuble situé en France : « l'obligation, l'hypothèque sont elles valables ? « Ces hypothèses se sont présentées dans la pra- « tique et elles ont été résolues dans un sens et « par des motifs qui semblent consacrer le premier « système, d'après lequel les lois personnelles « étrangères ne suivent pas l'étranger en Fran- « ce (1); aussi M. Duranton (2) a-t-il blâmé ces « arrêts comme contraires aux véritables prin- « cipes; c'est la faute du Français, dit-il, s'il ne « s'est pas mieux informé de la capacité de l'é-

---

(1) Paris, 18 mars 1831 ; Dalloz, 1831, t. 1, p. 112 ; cassation, 17 juillet 1833 ; Dalloz, 1833, t. 1, p. 303 ; Paris, 17 juin 1831 ; Carrette et de Villeneuve, 1834, t. 2, p. 371.
(2) Droit français suivant le Code civil, t. 1, p. 58.

« tranger avant de traiter avec lui ; et M. Fœlix (1)
« lui reproche même d'avoir préféré traiter sans
« l'entourer de renseignements. En ce qui me
« concerne, je maintiendrai même dans les rap-
« ports privés de Français avec les étrangers en
« France ; je maintiendrai, dis-je, la règle que
« les lois personnelles suivent les étrangers dans
« notre pays. Je dirai donc que si, d'après la loi
« personnelle, l'étranger était incapable de s'o-
« bliger de consentir hypothèque, etc., l'obliga-
« tion, l'hypothèque par lui consenties, pourront
« être annulées ; mais en même temps j'ajoute
« que le Français sera admis à prouver que sa
« bonne foi a été trompée et qu'il ne serait pas
« dans ce cas nécessaire, comme paraît l'exiger
« M. Fœlix, que la conduite de l'étranger consti-
« tuât un délit d'escroquerie ou d'abus de con-
« fiance, ni même un dol essentiellement carac-
« térisé ; il suffirait, suivant moi, que des cir-
« constances du fait il résultât pour les magistrats
« la preuve que le Français n'a pas agi avec
« légèreté, avec imprudence, et qu'au contraire
« l'étranger a cherché à l'induire en erreur.
« Ainsi lorsqu'à la demande en nullité formée
« par l'étranger, le Français créancier répondra
« qu'il s'agit d'obligations contractées pour four-
« niture d'aliments, de marchandises à l'usage de
« la personne et même pour loyers de maisons,
« etc., je validerai l'obligation parce qu'il n'y

---

(2) Droit international privé, t. 1, p. 115 et 116.

« a là ni imprudence, ni légèreté de la part du
« Français ; parce que, loin d'être nuisible à l'é-
« tranger, cette solution lui est favorable et lui
« donne du crédit pour toutes les choses néces-
« saires à son existence en France. Mais s'il
« s'agit de contrats plus importants, de ventes
« d'immeubles, d'emprunts d'argent consentis
« par l'étranger, je serai plus difficile envers le
« Français acheteur ou prêteur ; je rechercherai
« si l'étranger était depuis longtemps ou récém-
« ment arrivé en France, s'il y avait ou non sa
« résidence habituelle, si les conditions de la
« vente, de l'emprunt, ne sont pas telles qu'elles
« accusent la bonne foi du Français, si enfin il
« résulte des faits qu'il s'est informé, comme il le
« devait beaucoup plus sévèrement pour des
« actes de cette importance, de l'état et de la ca-
« pacité de l'étranger, et que celui-ci lui a fourni
« des renseignements trompeurs. Eh bien! sui-
« vant tous ces éléments de la cause, je main-
« tiendrais ou j'annulerais l'obligation : il me
« semble que cette théorie concilierait les prin-
« cipes avec tous les intérêts que, dans ces sortes
« de questions, il est nécessaire de protéger (1). »

L'étranger peut contracter mariage en France
(art. 18 et 19), peut exercer en France la puissance maritale et puissance paternelle. Quelle loi
réglera entre les mains de l'étranger l'étendue de
ses pouvoirs domestiques? Nous pensons que ce

(1) M. Demolombe, cours de Code civil, t. 1, n° 102.

sera la loi étrangère ; aussi déciderons-nous que
l'art. 384 du Code Napoléon, qui accorde au père
et, après la mort du père, à la mère l'usufruit des
biens personnels de leurs enfants jusqu'à ce que
ces derniers aient atteint l'âge de dix-huit ans,
quoiqu'à première vue il puisse paraître un statut
réel, devra être considéré comme ne profitant à
l'étranger sur les biens situés en France et appartenant à ses enfants, qu'autant que la loi personnelle de son pays qui règle sa capacité, lui
reconnaîtrait aussi un usufruit paternel ; nous le
déciderons ainsi parce que l'art. 384 ne constitue
pas une disposition distincte principale et essentielle et n'est, au contraire, qu'une annexe, un ac-
cessoire de la loi personnelle réglant l'étendue de
la puissance paternelle. Nous ferons cependant
une petite exception au principe que nous venons
d'admettre : elle consiste à ne jamais admettre en
France, quelles que soient à cet égard les dispositions de la loi étrangère, l'exercice du droit de
correction par un étranger par voie d'autorité ; il
ne pourra jamais agir que par voie de réquisition.
Nous ne pouvons pas, en effet, admettre cette
délégation d'une partie de l'exercice de la puissance publique en faveur d'un étranger. En ce qui
touche la puissance maritale, il faudra aussi observer qu'elle devra toujours être, quant à son
étendue, en rapport avec nos mœurs, et, quant à
l'hypothèque légale de la femme sur les biens du
mari, elle existera sur les biens du mari situés en
France, selon que la loi étrangère l'accordera ou

non à la femme. Mais l'on pourrait proposer une hypothèse beaucoup plus délicate; un Français époux et père se fait naturaliser en pays étranger; il est bien entendu que sa femme et ses enfants ne perdent pas pour cela leur nationalité, dont leur mari et père n'a pu disposer; voilà donc un étranger chef d'une famille française; continuera-t-il d'exercer la puissance maritale sur sa femme et la puissance paternelle sur ses enfants? L'affirmative n'est pas douteuse; mais quelle loi réglera l'étendue de ses pouvoirs? Est-ce la loi étrangère, est-ce la nôtre? Évidemment ce sera la loi française. Soumettre, même en France, des Français à la loi personnelle étrangère, ce serait pour ainsi dire faire abdication complète de notre souveraineté. Cette situation nous oblige déjà à remettre aux mains d'un étranger l'exercice des magistratures domestiques de la famille, c'est bien assez; n'allons pas jusqu'à soumettre toute une famille française à des lois étrangères; ainsi donc, dans cette espèce, la loi française s'appliquera complétement et la femme aura hypothèque légale sur les biens de son mari situés en France, que la loi française l'accorde ou la refuse. Une seule exception sera faite à la loi française, c'est celle déjà mentionnée et qui a trait au droit de correction par voie d'autorité.

Les préceptes du droit privé pouvant être modifiés par des conventions particulières, lorsqu'ils n'intéressent ni l'ordre public ni les bonnes mœurs, rien n'empêche que les contractants ne se soumettent, sous la même condition, à une législation étrangère, même en ce qui concerne les immeubles situés en*France, et, par conséquent, les tribunaux français seraient obligés de juger, d'après les lois étrangères, les contestations pour la décision desquelles les parties s'en seraient rapportées aux dispositions de ces lois (art. 1134). Or, *eadem vis taciti atque expressi*, et, en général, il est à présumer que les personnes qui ont conclu une négociation en pays étranger ont voulu se soumettre à la loi du pays où le contrat a été passé ; c'est donc cette loi qui devra seule être appliquée lorsqu'il s'agira de l'interprétation et des effets de ce contrat. Aussi l'art. 1159 du Code Napoléon nous dit-il : « Ce qui est ambigu s'interprète par ce qui est d'usage dans le pays où le contrat est passé. Ce principe était suivi chez les Romains, ainsi que nous l'apprend Gaïus (1) en ces termes : « Si fundus venierit ex « consuetudine regionis in qua negotium gestam « est, pro evictione caveri oportet. »

La règle que nous venons de poser a sa base et sa raison d'être dans l'interprétation de la volonté des parties ; ceux qui contractent sont, disons-nous, censés se soumettre aux lois du pays où ils se trouvent ; mais s'il s'agit d'un contrat qui doit régler une série de rapports, de ces rapports convenus durables, et que ces rapports doivent naître dans un autre lieu, l'interprétation de la volonté des parties ne pourra

---

(1) ff., l. 6, de evictionibus, etc. (xxi, 2).

plus être la même, et il faudra admettre que les parties ont voulu se soumettre à la loi du pays où doivent se passer les rapports qu'on a eu pour but de régler. Cette observation donne lieu à une seule exception relative aux contrats de mariage qui devront être soumis à la loi du domicile matrimonial, c'est-à-dire à la loi du lieu où les époux devaient aller s'établir après la célébration, en supposant qu'il y eût un changement de domicile projeté ; dans le cas contraire, à la loi du domicile du futur mari, domicile que la femme acquerra par son mariage, aux termes de l'article 108 du Code Napoléon, et qui deviendra ainsi le domicile matrimonial ; à ce sujet le droit romain nous fournit le texte suivant : « Exigere « dotem mulier debet illic ubi maritus domicilium « habuit, non ubi instrumentum dotale conscrip- « tum est ; nec enim id genus contractus est, ut « et eum locum spectari oporteat, in quo instru- « mentum dotis factum est, quam eum in cujus « domicilium et ipsa mulier per conditionem ma- « trimonii erat reditura (1). » Dans nos anciennes coutumes, on admettait le même principe, et la loi du domicile matrimonial régissait les biens appartenant aux époux, dans quelques pays qu'ils fussent situés, pourvu qu'il n'y eût pas dans un de ces pays un statut particulier prohibitif ; cette restriction était parfaitement raisonnable, mais ne présente aucune espèce d'intérêt et d'application aujourd'hui, puisque l'art. 1387 du Code Napo-

---

(1) Ulp'en, ff., l. 65, de judiciis (v, 1).

léon permet aux futurs époux de régler leurs conventions matrimoniales comme ils l'entendront, puisque enfin le législateur permet même le régime dotal, cette convention tout à fait exeptionnelle et exorbitante qui permet aux particuliers de frapper par leur seule volonté certains biens d'inaliénabilité ; on appliquera donc aujourd'hui et dans tous les cas la loi du domicile matrimonial.

La forme extérieure des actes est réglée par les lois du pays dans lequel ils ont été passés (art. 47, 170, 999). C'est là la règle que l'on exprime ordinairement par ces mots : *locus regit actum*. Cette règle est fondée sur l'intérêt commun des nations, sur le respect mutuel de leur souveraineté, qui ne permettaient pas, d'une part, à la loi d'une nation de donner des ordres aux officiers ministériels d'une nation étrangère ; d'autre part de réduire les Français en pays étranger ou les étrangers en France à ne pouvoir point faire les actes dans lesquels une formalité quelconque serait requise. Aussi le projet du Code érigeait en loi la maxime : *locus regit actum* ; cette disposition fut supprimée dans la rédaction définitive, de crainte que sa trop grande généralité ne prêtât à des raisonnements faux et dangereux ; cette exception, en effet, en reçoit à son tour de nouvelles: ainsi l'art. 170 déclare valable le mariage contracté en pays étranger s'il a été célébré dans les formes usitées dans le pays, mais pourvu qu'il ait été précédé des publications prescrites par l'art. 63, et cependant ces publications font partie de la forme extérieure du mariage; ainsi encore l'arti-

cle 48 dispose : « Tout acte de l'état civil des
« Français en pays étranger sera valable, s'il a été
« reçu conformément aux lois françaises par les
« agents diplomatiques ou par les consuls. » Ainsi
encore l'art. 999 permet au Français en pays
étranger de tester olographement, alors même
que les lois de ce pays ne le permettraient pas.
M. Duranton (1) veut restreindre la règle : *locus
regit actum*, aux actes publics ; d'après le savant
professeur, un Français ne pourrait pas, à l'étranger, faire sous signatures privées les contrats pour
lesquels la loi française demande un acte authentique, par exemple une donation entre-vifs, un
contrat de mariage, une reconnaissance d'enfant
naturel ; la règle : *locus regit actum*, dit-il, fondée
sur la nécessité des choses, ne doit agir que dans
les limites de cette nécessité. Or, la loi française
exige un acte public. Il est vrai que les formalités
de nos actes publics ne peuvent être remplies
que par les officiers publics français, et il faut
bien en pays étranger suivre les formalités des
actes publics étrangers ; mais aucun motif ne dispense de la condition même d'un acte public
que la loi française exige, cette condition pouvant être remplie en pays étranger. M. Fœlix (2)
regarde comme une erreur cette opinion de
M. Duranton, et n'hésite pas à penser avec
Merlin (3) que la maxime : *locus regit actum*,

---

(1) Droit français, suivant le Code civil, t. I, p. 56.
(2) Droit international privé, t. 1, p. 95.
(3) Rép., v° Testament, sect. 3, § 4, art. 1er.

s'applique aux actes privés aussi bien qu'aux actes publics. Quant à nous, dans les arguments fournis par les adversaires de M. Duranton, un seul nous touche, le voici : la nécessité exige l'admission de l'opinion contraire ; car, qu'arriverait-il si l'officier public étranger refusait de recevoir un acte qui n'est pas dans ses attributions, et pour lequel, en effet, il n'a pas de pouvoirs, puisque, dans le pays où il est institué, cet acte ne se fait que sous seing privé ? Nous reconnaissons, au contraire, toute la force des arguments produits en faveur du système de M. Duranton. M. Demolombe (1), qui partage l'opinion opposée, s'exprime cependant en ces termes : « Je suis très touché, j'en conviens, de
« ce qu'on pourrait dire en faveur du système de
« M. Duranton ; n'y a-t-il pas, en effet, des incon-
« vénients graves, des dangers même très sé-
« rieux à permettre à un Français, par exemple,
« la reconnaissance d'un enfant naturel par acte
« sous seing privé ? L'authenticité n'est-elle pas
« ici une garantie de la liberté de son aveu, et,
« en quelque sorte, une formalité habilitante et
« personnelle ? Et pour les conventions matrimo-
« niales, ne faut-il pas craindre cette possibilité
« de déroger si facilement à l'art. 1394, qui a
« pour but la stabilité des conditions sous la foi
« desquelles le mariage s'est formé, et, par suite,
« la bonne harmonie entre les époux et la sécu-

---

(1) Cours de Code civil, t. 1, n° 106.

« rité des tiers? » Pour notre compte, nous proposons un système mixte se fondant sur la combinaison des diverses idées déjà exposées et sur cette observation que la disposition qui érigeait en loi la maxime *locus regit actum* fût retranchée du titre préliminaire du Code Napoléon par le conseil d'Etat, entre autres motifs, pour laisser aux magistrats une certaine liberté d'appréciation. Voici le système que nous proposons : Nous admettrons en principe général, avec Merlin et MM. Fœlix et Demolombe, que la règle *locus regit actum* s'applique aux actes sous seing privé, comme aux actes authentiques ; mais nous accorderons néanmoins à notre savant professeur, M. Duranton, qu'il est utile de mitiger cette décision en admettant qu'il faudra se ranger à son avis toutes les fois que la loi étrangère, en permettant de faire l'acte sous seing privé, aura en même temps institué des officiers pour donner à ces sortes d'actes un caractère d'authenticité, et, par conséquent, ouvert ainsi aux Français un moyen d'obéir à la loi française, et toutes les fois encore qu'il existera dans le pays où l'acte est fait, à défaut d'officiers publics étrangers, des agents diplomatiques français et ayant qualité, suivant nos lois, pour donner à ces actes en français et entre Français et étranger le caractère d'authenticité. Si l'acte était fait en pays étranger par un étranger, et alors même qu'il s'agirait de biens situés en France, nous ne ferions plus aucune exception à la règle *locus regit actum*. Nous admettrons encore, par argument de l'art. 170, que toutes les fois que la loi française ordonne qu'une formalité précède ou accompagne un acte dans le but de donner à cet acte une publicité réclamée par les bonnes mœurs ou par l'intérêt des tiers, cette formalité doit toujours être remplie, alors même que ᴄ acte est fait en pays étranger. Cette obligation incombe au Français si l'acte a trait à l'état des personnes; au Français et à l'étranger s'il se rapporte aux biens et qu'il s'agisse de biens situés en France. Ainsi, par exemple, une donation entre-vifs de biens situés en France étant faite sous seing privé dans un pays où il est de toute impossibilité de lui donner caractère d'authenticité, cette donation n'en sera pas moins soumise à la formalité de la transcription (art.939), lors même que la loi étrangère ne l'exigerait pas.

Quant aux formalités d'exécution, c'est-à-dire quant aux formalités qui déterminent les règles à suivre pour obtenir justice devant les tribunaux, et qui déterminent aussi les moyens légitimes d'exécution, les seules formalités possibles seront celles établies par la loi du pays où la poursuite et l'exécution ont lieu, parce que c'est au nom de la puissance publique qu'elles sont employées dans chaque Etat.

POSITIONS.

DROIT ROMAIN.

I. Les enfants nés de femmes esclaves postérieurement au décès du testateur et avant la restitution du fidéicommis de l'hérédité, n'entrent pas dans cette restitution, à moins qu'ils ne soient nés depuis la mise en demeure du fiduciaire.

II. Lorsque le possesseur de bonne foi d'une hérédité a vendu une chose héréditaire, l'acheteur contre lequel le véritable héritier intente une revendication n'a pas pour se défendre une exception *ex persona venditoris qui non locupletior factus est*, ainsi que le décide la loi 13, § 4, *de hereditatis petitione* (ff., V, 3), avec laquelle la loi 25, § 17, *eodem titulo*, ne forme nullement antinomie.

III. Dans le droit du Digeste et du Code, l'action Paulienne est tantôt réelle, tantôt personnelle. Tel était déjà l'état du droit au temps classique; primitivement cette action n'était que réelle; mais comme elle ne se prêtait pas à toutes les distinctions demandées par l'équité et qu'elle n'atteignait pas tous les genres d'actes frauduleux, on introduisit postérieurement la Paulienne personnelle.

IV. Un débiteur, dans l'intention de frauder ses autres créanciers, a payé antérieurement à la *missio in bona* une dette civile ou naturelle, échue; et il est certain que le créancier ainsi payé n'aurait rien obtenu, ou n'aurait été payé que partiellement, s'il avait été dans la nécessité de procéder par les voies légales de la déconfiture. Ce paiement est valable et ne pourra jamais être attaqué par la voie de l'action Paulienne.

V. La présomption de paternité du mari, ou, en d'autres termes, la règle *pater is est quem justæ nuptiæ demonstrant*, était déjà reçue en droit romain, au temps classique.

VI. La règle du droit romain qui exige la capacité de l'héritier à trois époques, ne trouve pas sa raison dans la règle Catonienne.

DROIT FRANÇAIS.

I. Le jugement rendu contre un débiteur sur une question de propriété d'immeubles n'est pas opposable au créancier hypothécaire dont le titre est antérieur au procès.

II. On ne peut prétendre à la réserve sans se porter héritier. — L'enfant qui renonce à la succession de son père pour s'en tenir au don qui lui a été fait entre-vifs, ne peut donc pas retenir, outre la quotité disponible, une part dans la réserve. — L'enfant renonçant ne fait pas nombre quand il s'agit de déterminer la quotité disponible.

III. L'enfant naturel reconnu ne peut être adopté par ses père et mère.

IV. Les aliénations faites par l'héritier apparent sont nulles.

V. Une convention faite par correspondance est parfaite du moment de l'envoi de la réponse et non pas seulement du moment de sa réception par celui qui a fait la pollicitation.

VI. Les donations entre époux faites par contrat de mariage sont révoquées au préjudice de celui contre lequel la séparation de corps a été prononcée. En outre, l'art. 955 est applicable à ces donations, lesquelles, révoquées de plein droit en cas de séparation de corps, sont aussi révocables pour cause d'ingratitude.

VII. La femme séparée de biens qui peut aliéner directement ses meubles ne peut les aliéner indirectement en s'obligeant sans autorisation de son mari, et, pareilles obligations étant nulles, les créanciers ne pourraient pas plus saisir les meubles que les immeubles de leur débitrice.

DROIT CRIMINEL.

I. Lorsqu'il y a lieu à aggravation de peine, et que cette aggravation prend sa source dans une qualité personnelle à l'auteur principal, l'aggravation de peine ne doit pas être appliquée au complice.

II. Pour qu'il y ait lieu à aggravation de peine pour cause de récidive, il ne suffit pas qu'il y ait eu condamnation à une peine afflictive et infamante, ou simplement infamante ; il faut encore que cette première condamnation ait été prononcée en punition d'un fait considéré encore comme crime par les lois existantes.

DROIT INTERNATIONAL.

I. Le droit des gens n'oblige pas un État, en l'absence de traités formels, à accorder l'extradition réclamée par un autre État d'un individu accusé d'un crime ou d'un délit commis sur le territoire de ce dernier.

II. Si l'extradition d'un criminel est réclamée par l'État sur le territoire duquel le crime a été commis et par l'État dont il est le sujet, auquel des deux États l'extradiction doit-elle être accordée? —Au second.

Vu par le Doyen,
C.-A. PELLAT.

Permis d'imprimer :
Le Recteur de l'Académie de la Seine,
CAYX.